Susanne Kazemieh

Versicherungs- und Rentenratgeber für Frauen

Widmen möchte ich dieses Buch den freiberuflichen Hebammen in Hamburg, die mich 1987 mit ihrer Rentenversicherungsproblematik ins kalte Wasser gestoßen haben.

Bedanken möchte ich mich bei meinen drei Paschas — dem »alten« wie den beiden »kleinen« — dafür, daß sie mir in den letzten Monaten gezeigt haben, auch ohne mich problemlos zurechtkommen zu können!

Susanne Kazemieh

Versicherungs- und Rentenratgeber für Frauen

Konkret Literatur Verlag

Umschlaggestaltung: Peter Albers
Satz: satzbau GmbH, Hamburg
Druck: Paderborner Druck Centrum, Paderborn
ISBN 3-89458-113-1

Inhaltsverzeichnis

1. Einleitung

Warum ein Ratgeber für Frauen?

Wenn es um den Abschluß von Versicherungen oder um die Beratung für Geldanlagen geht, werden Frauen noch immer nicht ernstgenommen. Welche Frau hat das arrogante Verhalten von meist männlichen Beratern in Banken, Bausparkassen und Versicherungsunternehmen nicht schon einmal erlebt und sich darüber geärgert?

Eine seriöse Beratung speziell für Frauen findet dort nicht statt. Lediglich als Werbegag taucht das Thema in der Branche auf: Da gibt es pötzlich »Lady's First«-Tarife oder spezielle Investmentfonds für Frauen. Bei näherem Hinsehen bleibt bei vielen dieser Offerten lediglich der Titel speziell weiblich. Dennoch verkaufen sich diese Produkte offensichtlich so gut, daß sie wie Pilze aus dem Boden schießen.

In den gängigen Versicherungs- und Rentenratgebern werden Frauen-Fragen meist nur gestreift. Es ist also an der Zeit für einen Ratgeber, der diese Fragen beantwortet:

— Was ist dran an den »Frauen-Tarifen«?
— Sind private Krankenversicherungen »frauenfeindlich«?
— Ist die Rentenreform ein Fortschritt oder ein Rückschritt für Frauen?
— Welche Alternativen zur staatlichen Rentenversicherung sind sinnvoll?
— Wie verändern Kinder die versicherungstechnische Situation von Frauen, insbesondere von alleinerziehenden Müttern?
— Wie sind »Hausfrauen« am besten versichert?
— Worauf müssen Frauen achten, wenn sie sich selbständig machen?

— Was müssen Frauen während der Scheidungsphase beachten?
— In welchen Bereichen sind lesbische Lebensgemeinschaften heterosexuellen Beziehungen gleichgestellt?

Von klein auf sind wir Frauen es gewohnt, in der männlichen Form angesprochen zu werden. Trotz zunehmender Sensibilisierung für diese männerdominierte Sprache wundern wir uns deshalb auch nicht, wenn wir ganz selbstverständlich als »Zahlungsempfänger« oder »Versicherungsnehmer« angesprochen werden. Es gibt grundsätzlich nur den Geschäftsinhaber und den Hauptverdiener.

Dieses Buch habe ich für Frauen geschrieben. Deshalb verwende ich immer dann die weibliche Form, wenn ausschließlich Frauen oder auch Frauen und Männer gemeint sind. Mir scheint dies eine durchaus legitime Umkehrung der existierenden Sprachnormen. Meine männlichen Leser bitte ich, diese Regelung entweder mit Humor zu tragen oder — besser noch — dieses für uns Frauen alltägliche »feeling« erleben zu lernen: So ist es also, wenn man automatisch zum anderen Geschlecht gezählt wird.

Immer wieder beklagen sich Frauen darüber, daß die Versicherungsbedingungen in einer Sprache verfaßt sind, die sie nicht verstehen. Vielleicht sollen wir auch gar nichts verstehen. Es ist kein Zufall, daß bestimmte Fakten so formuliert sind, daß sie nicht auf Anhieb verständlich sind. Daher ist es mir ein Anliegen, die Dinge, die in dieser Branche leicht »übersehen« werden, so zu beschreiben, daß interessierte Frauen ein Bild davon bekommen, worauf es im Umgang mit Geld und Versicherungen ankommt.

Spätestens seit der Gesundheitsreform von 1989 herrscht nicht nur bei den Laien große Verwirrung darüber, wer, wann, warum und wo zu versichern ist. Der Versuch, bei den Krankenkassen (ob privaten oder gesetzlichen) kompetente Auskunft zu erhalten, erinnert an den Versuch, im dichten Nebel eine Hafeneinfahrt zu finden.

Die Rentenreform von 1992, die — insbesondere in ihrer Bedeutung für Frauen — eine klare Verschlechterung darstellt, wird uns nicht zufällig so nebulös präsentiert. Am liebsten hätte man es, wenn wir den Schönfärbereien kritiklos applaudierten.

Ich hoffe, Sie mit diesem Buch einigermaßen sicher durch die komplizierte Materie von Versicherungsbedingungen, Gesetzesänderungen und Reformen lotsen zu können.

Frauen und Geld — ein Kapitel für sich

Frauen verfügen in Deutschland über weniger Geld als Männer. Nach einer Studie der Bundesversicherungsanstalt für Angestellte (BfA) verdient jeder zweite Mann im Angestelltenverhältnis mehr als DM 5.000,- brutto im Monat, aber nur jede sechzehnte Frau hat ein ähnlich hohes Einkommen. Über 10 Prozent der Frauen haben weniger als DM 1.000,- zur Verfügung. Demgegenüber müssen nur 3,3 Prozent der Männer mit einem derart niedrigen Einkommen leben.

Der durchschnittliche Bruttoverdienst der Angestellten in Industrie und Handel lag 1991 in den alten Bundesländern für Männer bei DM 5.335,-. Die Frauen mußten sich mit DM 3.483,- begnügen!

Der Stundenlohn eines Arbeiters lag im selben Zeitraum bei DM 22,46. Arbeiterinnen bekamen dagegen nur DM 16,52.

Immer noch werden Männer in vielen Berufszweigen bevorzugt eingestellt. Kindertagesstätten sind immer noch Mangelware in Deutschland. Möglichkeiten zur beruflichen Wiedereingliederung von Müttern müssen mühsam von uns erkämpft werden. Geld zu verdienen wird Frauen schwerer gemacht als Männern. Stagniert die Wirtschaft, werden die drei K wieder großgeschrieben. Allein die Tatsache, daß die Geburtenzahlen der letzten Jahre rückläufig waren, dürfte ausschlaggebend dafür gewesen sein, daß unserer Forderung nach Verbesserung der rentenrechtlichen Bewertung der Kindererziehungszeiten im Ansatz Rechnung getragen wurde.

Der im Grundgesetz verankerte Gleichheitsgrundsatz gilt in vielen Bereichen lediglich auf dem Papier. Lohndiskriminierung von Frauen finden wir nicht nur bei übertariflichen Zulagen, sondern auch in den Tarifverträgen selbst. Lohn- und Gehaltserhöhungen zu fordern, fällt Frauen oft schwer. Für Männer scheint dies eine Selbstverständlichkeit zu sein. Den Wert der eigenen Leistung zu kennen und anzuerkennen, müssen viele von uns noch lernen. »Ich bin gut und teuer« — ein Satz, den wir üben sollten!

Umfragen und Statistiken zum Thema »Frauen und Geld« fördern immer wieder dieselbe Weisheit zutage: Frauen gehen bei Geldanlagen auf Nummer Sicher, sie legen ihr Geld am liebsten festverzinslich an. Männer sind viel eher bereit, ein gewisses Risiko einzugehen, wenn eine attraktivere Rendite winkt. Das hat aber nichts damit zu tun, daß Männer nun mal die Mutigen und Frauen die Ängstlichen sind. Nein, entscheidend ist die Bedeutung, die eine Kapitalanlage für die betreffende Person hat. Wer seine Spargroschen nicht als notwendige Aufstockung der dürftigen Altersvorsorge betrachten muß, kann natürlich ein bißchen »spekulieren«. Und wenn Frauen über Geldanlagen umfassend informiert werden, können sie eventuelle Risiken auch besser einschätzen und damit auf ein vertretbares Maß reduzieren.

In diesem Sinne möchte ich meine Leserinnen ermuntern, sich auch über diesen Ratgeber hinaus Informationen zu beschaffen. Wenn Sie die erste Verärgerung über die Sprache der Finanzwelt überwunden haben, finden Sie vielleicht sogar Vergnügen an diesem Thema.

»Lady's first«? — Die Gentlemen lassen bluffen

Seit einigen Jahren wird von den Versicherungsgesellschaften zunehmend mit sogenannten Frauentarifen geworben. Was ist wirklich dran an diesen Tarifen?

Wir müssen unterscheiden zwischen den Frauentarifen, die das Bundesaufsichtsamt verlangt, und denen, die mehr oder weniger willkürlich von den Versicherungsgesellschaften festgelegt werden. Der Bluff mit den Lady-Tarifen und Investmentfonds für Frauen geht soweit, daß ganz normalen Produkten einfach ein weibliches Etikett verpaßt wird.

Frauen bezahlen in der privaten Krankenversicherung höhere Beiträge als Männer. Ein Zustand, den wir schon lange nicht mehr widerspruchslos hinnehmen. Jüngst fragte die SPD-Abgeordnete Elke Ferner bei der Bundesregierung an, ob sie diesen Unterschied nicht auch für verfassungswidrig halte. Die Antwort des parlamentarischen Staatssekretärs im Finanzministerium allerdings regt eher dazu an, über Nachhilfeunterricht im Lehrfach »Sexualkunde« nachzudenken, als daß sie die Diskussion in fruchtbare Bahnen lenken könnte: Die Individualversicherungen wie auch die privaten Krankenversicherungen beruhen, so Dr. Joachim Grünewald, auf dem Prinzip der Risikoverursachung!

Wer verursacht eine Schwangerschaft? Eine Geburt? Eine Abtreibung?...

»Das ganze Problem... ist nicht auf der Erde und von der privaten Krankenversicherung gemacht, sondern es wurde oben im Himmel produziert. Da sind nämlich gewisse Unterschiede zwischen Männern und Frauen vorprogrammiert worden.« So Dr. Christof Uleer vom Verband der privaten Krankenversicherer.

Und so verwundert es denn auch nicht mehr, wenn wir feststellen müssen, daß der PKV-Verband entgegen seiner eigenen Logik das »Verursacherprinzip« nicht der einzelnen Frau, sondern der Gesamtheit der Frauen anlastet. Weder durch eine Sterilisation noch durch das Alter hat eine Frau die Chance, dieser kollektiven Bestrafung zu entkommen; und selbst Lesben finanzieren zwangsweise Gebärfrust und -lust ihrer Geschlechtsgenossinnen solidarisch mit.

Die Kosten für Schwangerschaft und Geburt oder für einen

Schwangerschaftsabbruch tragen wir also allein. Auch für Zahnbehandlung bezahlen wir mehr. Das liegt — angeblich — an unserem »höheren kosmetischen Anspruch« bei Zahnersatz. Frauen gehen laut Statistik auch häufiger zum Zahnarzt. Verursachen sie deshalb aber höhere Kosten? Oder beugen sie mit diesem Verhalten kostspieligen Behandlungen vor? Außerdem sollen wir nach neuen Erkenntnissen eher zu Karies neigen als Männer. Sind wir nicht süß?

Nein, sind wir nicht, zumindest nicht die »kleine Minderheit von Frauen«, die immerhin mit Unterstützung der Frauenministerinnen der Länder gegen diese Ungerechtigkeit kämpft.

Ein »echter« Frauentarif wird von den Lebensversicherern angeboten. Denn die statistische Lebenserwartung der Frauen liegt höher als die der Männer. Daher ist das Risiko, daß eine Frau vor ihrem 65. Geburtstag stirbt, niedriger als bei Männern. Deshalb bekommen Frauen denselben Versicherungsschutz etwas günstiger als Männer. Das wirkt sich sowohl in der Kapitallebensversicherung als auch in der Risikolebensversicherung aus. Aber selbst diesen Frauentarif verdanken wir nicht den Versicherern, sondern den Verbraucherinnen-Verbänden, die mit massivem Druck 1987 das Bundesaufsichtsamt »genötigt« haben, auf die Versicherer einzuwirken.

Heute hat diese Entwicklung für die Versicherer fast eine Alibi-Funktion bekommen nach dem Motto, daß die höheren Beiträge in der Krankenversicherung doch durch die niedrigeren in der Lebensversicherung ausgeglichen würden. Das stimmt, wenn wir so vermögend sind, daß wir mit einer Risikolebensversicherung in Höhe von 4 Millionen Mark privat für ausgleichende Gerechtigkeit sorgen können. Denn erst bei dieser Versicherungssumme zahlen wir soviel weniger, wie wir bei einer privaten Krankenversicherung mehr bezahlen müssen. Natürlich können wir auch mit einer Kapitallebensversicherung für Gleichbehandlung sorgen; hier wäre auch nur der Abschluß in Höhe von 3 Millionen Mark nötig. Kostenpunkt: etwa DM 6.400,- monatlich — 20 Jahre lang.

Umgekehrt führt jetzt auch die höhere Lebenserwartung von Frauen dazu, daß die privaten Rentenversicherungstarife für sie schlechter kalkuliert sind, denn bei einer lebenslang garantierten Rente muß die Gesellschaft an eine Frau wahrscheinlich länger zahlen als an einen Mann.

Auch die Berufsunfähigkeitstarife für Frauen sind immer noch um bis zu 50 Prozent teurer als für Männer. Begründet wird das damit, daß Frauen angeblich weniger belastbar seien. Sie ließen sich schneller wegen »psychischer Belastung« berufsunfähig schreiben. Den Tarifkalkulationen wurden amerikanische Statistiken zugrundegelegt. Inzwischen ist aber sogar bis zur Vorstandsebene einiger Versicherungsgesellschaften durchgedrungen, daß dieser »Risikozuschlag« nicht gerechtfertigt und somit unhaltbar ist. Die ersten Gesellschaften haben ihre Beiträge für Frauen gesenkt. Hier hat also unser Engagement Früchte getragen.

Als die Versicherungsbranche vor einigen Jahren damit anfing, sich über den Absatzmarkt »Frauen« Gedanken zu machen, hat »man« sich gefragt, woran es eigentlich liegt, daß Frauen viel zögerlicher beim Abschluß von Versicherungen sind. Die Antwort lag nahe: Frauen fühlen sich nicht angesprochen, die Werbung zielt auf den männlichen Kunden ab. Folglich mußten also Produkte her, die auf die »Zielgruppe Frauen« wirken. Aber damit nicht genug. Um diese Offerten noch besser an die Frau bringen zu können, wurden bei einigen großen Gesellschaften gleich spezielle Unterorganisationen gegründet, deren Aufgabe es ist, Frauen für den Vertrieb der hauseigenen Produkte zu schulen.

So sucht zur Zeit eine Versicherungsgesellschaft mit Hilfe einer Managementberatungsfirma über eine große Anzeige in einem Frauenmagazin Frauen, die in einer »schlagkräftigen Damenriege« die Produkte dieser Gesellschaft an die Geschlechtsgenossinnen bringen sollen. Wenn Sie sich zutrauen, »in 4 - 8 Jahren Niederlassungsleiterin, Geschäftsführerin oder Vorstandsmitglied zu sein«, können Sie sich hier schulen lassen.

Eine freie Journalistin, die von einem Frauenmagazin den Auftrag erhalten hatte, einen Artikel über das Thema »Versicherungsangebote für Frauen« zu schreiben, mußte erkennen, daß dieser Auftrag von einer »Anzeigenkundin«, nämlich einer Versicherungsgesellschaft, lanciert war. Die Chefredaktion der Zeitschrift gab ihr unmißverständlich zu verstehen, daß ihr Artikel nur unter der Bedingung angenommen würde, daß jeder Hinweis auf Bluffs und unschöne Machenschaften der Versicherer raus und dafür positive Beispiele, namentlich für eine bestimmte Gesellschaft, reinkämen.

Mit der Organisation »frau aktiv« versucht eine der größten deutschen Versicherungsgesellschaften seit etwa 2 Jahren, ihre Umsätze zu steigern. Den für diesen Zweck geschulten Frauen wird eingeschärft, bei der Kontaktaufnahme mit der Kundin den Namen der Versicherungsgesellschaft nicht zu nennen. Denn »frau aktiv« klingt nicht nur gut, es suggeriert auch Unabhängigkeit.

Den meisten Müttern dürfte noch der Besuch einer netten Dame in deutlicher Erinnerung sein. Kaum war das Kind auf der Welt, da erschien sie mit einem Präsentköfferchen, bepackt mit Windelproben, Tütensuppen, Babypuder etc. Doch als jedes Pröbchen vorgestellt war, kam die Katze aus dem Sack: Der Termin mit dem Vertreter K. von der Gesellschaft H., der in einem ganz persönlichen Gespräch mal den einen oder anderen Vertrag zur Unterschrift vorlegen wollte.

Ein weniger bekanntes Unternehmen wirbt damit, »der zarten Hand am Steuer« als erste deutsche Versicherung den Kfz-Tarif anzubieten, den sie »verdient« hat. Wir sollten uns dieses »Angebot« etwas genauer ansehen. Denn nur, wenn wir einen Tarif mit Vollkasko abschließen, kommen wir in den Genuß des »Lady-Tarifs«, also des Rabattes! Bei »geschlechtsneutralen« Tarifen anderer Anbieter können wir aber häufig — ob mit oder ohne Vollkasko — deutlich weniger bezahlen als bei diesem »Lady-Tarif«. In der Werbung dafür heißt es weiter: »Frauen fahren besser — mit T.« Wenn wir den Prospekt aufschlagen, können wir im ersten Absatz erfahren, wieviel »der Golffahrer« spart.

Frauen fahren wirklich besser als Männer. Aber unabhängig von Versicherungsgesellschaften. Vergleichen Sie doch einfach einmal die Angebote mehrerer Gesellschaften mit dem Angebot der T. Die Beitragssätze bekommen Sie auch telefonisch genannt.

Machen wir uns nichts vor: »Lady K«, »Lady's first«, »femin«, »frau aktiv« etc. wurden nicht im Interesse der Frauen kalkuliert und auf den Markt gebracht. Die Versicherer haben diese Produkte kreiert, um ihre Umsätze zu erhöhen. Wir sollten wirklich genau hinschauen, insbesondere dann, wenn wir als »selbstbewußte, dynamische Frau von heute« angesprochen werden. Lady's first? – Die Gentlemen lassen bluffen!

Einen besonders schönen Werbegag hat 1991 eine Maklerin auf den Markt gebracht: Der »Fonds pour Femmes« soll uns glauben machen, etwas Besonderes für Frauen darzustellen. Tatsache ist, daß es sich bei diesem Investmentfonds um einen ganz normalen Rentenfonds handelt, der von Männern gemanagt wird und über dessen Renditeaussicht zur Zeit kaum Aussagen zu machen sind. Bislang rangiert er nicht gerade unter den Besten. Auch die Gebühren für diesen Fonds sind keineswegs günstig. Nicht einmal die Jil-Sander-Aktien, die für die Werbekampagne herhalten mußten, sind in diesem Fonds zu finden.

Der »Fonds pour Femmes« wurde von der Presse angepriesen, als hätten Frauen erstmalig die Chance, ihr Geld besser als auf dem Sparbuch mit gesetzlicher Kündigungsfrist anzulegen. Einzig »Der Spiegel« zitierte die Initiatorin des »Frauen-Fonds«: »Wir machen den Frauen nichts vor; das ist ein ganz normaler Fonds.«

Was Frauen nach meiner Erfahrung tatsächlich interessiert, ist die Frage danach, welche Projekte mit ihrem Geld unterstützt werden. Den wenigsten Frauen ist es egal, ob damit Rüstungsgüter oder alternative Energiegewinnungsprojekte finanziert werden.

Es gibt sehr wenige Projekte, die Frauen die Möglichkeit bieten, ihr Geld »solidarisch« anzulegen. Eine Möglichkeit, nicht nur ein Frauenprojekt zu unterstützen, sondern gleichzeitig alternative Energiegewinnung zu fördern, bietet die jüngst gegründete Genossinnenschaft »Windfang«. Diese Frauen-Energie-Gemeinschaft eröffnet die Möglichkeit, eine Windkraftanlage finanziell zu fördern. Die »ethische Rendite«, wie die Betreiberinnen sie nennen, liegt allerdings bei nur etwa 4 Prozent.

»Frauentarif« ist also nicht gleich »Billigtarif«, im Gegenteil! »Lady's catch Tarife« — nein Danke!

In den folgenden Kapiteln beschreibe ich die Versicherungen, die für fast alle Frauen wichtig sind. Ob ein Vertrag für sie sinnvoll ist, hängt nicht vom Namen des Produkts ab. Was zählt, ist das Preis-Leistungsverhältnis des *einzelnen* Vertrages und die bedarfsgerechte Gestaltung der *gesamten* Vorsorge.

2. Versicherungen zur Existenzsicherung

2.1 Private Haftpflichtversicherung

Warum sie so wichtig ist!

Die private Haftpflichtversicherung, PHV, sollte eigentlich eine Pflichtversicherung sein! Sie schützt Sie gegen Schadensersatzansprüche Dritter. Es sind nicht nur unsere Kinder, die uns z.B. mit ihrer Lust am Kokeln in extreme finanzielle Bedrängnis bringen können. Jede von uns kann das Pech haben, durch eine einzige falsche Bewegung eine Katastrophe auszulösen.

Wenn Sie z.B. als Fußgängerin oder Fahrradfahrerin einen Verkehrsunfall verursachen, bei dem jemand durch Ihre Schuld schwer verletzt wird, können Sie lebenslang – bis an die Pfändungsgrenze – unterhaltspflichtig werden. Diese Entschädigungszahlungen können im Extremfall weit über die Millionengrenze hinausgehen.

Versichert werden sollten alle die Risiken, die nicht oder nur unter schwierigen Bedingungen aus eigener Tasche bezahlt werden können. Eine zerbrochene Glasscheibe oder ein kaputter Fotoapparat ist für die wenigsten Leute eine finanzielle Katastrophe. Ein dauerhaft körperlich geschädigter Mensch aber oder ein Gebäudebrand verlangen Entschädigungen, die eben nicht aus eigenen Mitteln finanziert werden können. Deshalb ist der Abschluß einer privaten Haftpflichtversicherung so wichtig.

Kosten und Leistungen

Eine günstige PHV kostet zur Zeit maximal DM 100,- im Jahr (für im Öffentlichen Dienst Beschäftigte eventuell noch weniger), bei einer Entschädigungsgrenze von 2 Millionen für Personen- und Sachschäden. Sie können auch höhere Versicherungssummen abschließen; darunter sollten Sie jedoch nicht gehen.

Achten Sie darauf, daß »Mietsachschäden« mitversichert sind. Sie sind dann auch versichert für den Fall, daß Sie am Eigentum Ihrer Vermieterin etwas beschädigen, z.B. das Waschbecken.

Im übrigen übernimmt die PHV in gewissem Umfang auch die Funktion einer Rechtsschutzversicherung. Bevor sie nämlich einer Schadensersatzforderung nachkommt, überprüft sie deren Berechtigung, sie wehrt also auch unbegründete Schadensersatzforderungen Dritter ab.

Wer ist mitversichert?

Grundsätzlich ist die ganze **Familie** über eine PHV versichert, auch nichtverheiratete Paare, vorausgesetzt sie wohnen zusammen. Wenige Unternehmen versichern auch eine Lebensgemeinschaft von zwei Frauen in einem Vertrag. Die Policeninhaberin muß ihren Freund oder ihre Freundin schriftlich bei der Gesellschaft »nachmelden«.

Auch **nichteheliche Kinder** können im Vertrag des einen Elternteils mitversichert sein. Selbst dann, wenn die Policeninhaberin nicht leiblicher Elternteil, aber Lebenspartnerin des mit dem Kind zusammenlebenden Elternteils ist, ist eine Mitversicherung möglich.

Alleinstehende haben die Möglichkeit, einen sogenannten »Singletarif« abzuschließen. Der spart zwar ein paar Mark ein, birgt aber auch die Gefahr, daß Sie nicht mehr richtig versichert sind, wenn Sie zum Beispiel ein Kind bekommen.

Schülerinnen, Auszubildende und Studentinnen sind solange über ihre Eltern versichert, solange sie sich in der *ersten* Ausbildung befinden und vorher keine Berufstätigkeit ausgeübt haben. Diese Regelung gilt unabhängig davon, ob eine häusliche Gemeinschaft mit den Eltern besteht, und unabhängig vom Alter. Es darf allerdings kein regelmäßiges eigenes Einkommen verdient werden.

Worauf müssen Sie achten?

Kinder unter sieben Jahren müssen unbeaufsichtigt gewesen sein, als sie den Schaden angerichtet haben, wenn die Versicherung zahlen soll. Eine Mutter, die sich im selben Raum wie ihr Kleinkind aufhält, ist nicht haftbar zu machen, wenn das Kind ein Spielzeug in den Spiegelschrank knallt. Deshalb muß auch ihre Versicherung nicht bezahlen. Etwas anderes ist es, wenn die Mutter zur selben Zeit mit der Gastgeberin auf dem Balkon einen Kaffeeklatsch hielt. Dann nämlich hat sie die Aufsichtspflicht verletzt.

Für **geliehene Sachen** gibt es keinen Versicherungsschutz, wenn eine »privatrechtliche Absprache« zugrunde liegt. Wurde der Gegenstand ungefragt genommen oder benutzt, sieht die Sache schon anders aus. War die Benutzung nicht gerade verboten, muß die Versicherung den Schaden bezahlen.

Achten Sie beim Abschluß einer PHV darauf, daß die **Versicherungsdauer** nicht länger als ein Jahr beträgt, auch dann, wenn Ihnen mit Rabatten gewunken wird. Vielleicht kommt nächstes oder übernächstes Jahr ein neuer Tarif auf den Markt, der günstiger ist als der, den Sie abgeschlossen haben.

Wenn Sie eine neue PHV abschließen wollen, werden Sie vom Versicherer nach Vorschäden gefragt. Geben Sie diese bitte wahrheitsgemäß an. Diese **Anzeigepflicht** ist Bestandteil der Versicherungsbedingungen.

Mißbrauch

Es gibt kaum eine Versicherungsart, mit der soviel Mißbrauch betrieben wird wie mit der privaten Haftpflichtversicherung. Sie sollten immer daran denken, daß nach allgemeinem Versicherungsrecht nicht nur die Kundin, sondern auch die Gesellschaft das Recht hat, nach Schadensregulierungen zu kündigen. Bei der Antragstellung für eine neue Versicherung wird grundsätzlich nach »Vorschäden« gefragt. Es könnte also durchaus eine Situation eintreten, in der keine Gesellschaft mehr bereit ist, Versicherungsschutz zu übernehmen. Leider trifft diese Härte manchmal »Unschuldige«, die einfach das Pech hatten, in relativ kurzer Zeit relativ viel zu »verbocken«. Meist trifft dieses Schicksal Mütter von lebhaften Kindern. So grotesk dieser Gedanke erscheinen mag: Überlegen Sie, ob Sie jeden Bagatellschaden der Versicherung melden!

Manch eine Versicherungsgesellschaft versucht, mit den haarsträubendsten Begründungen eine Schadensregulierung von sich zu weisen. Wenden Sie sich mit derartigen Ablehnungen im Zweifelsfall an eine Verbraucherzentrale, an den »Bund der Versicherten« oder direkt an das Bundesaufsichtsamt. Auch engagierte Versicherungsmaklerinnen werden Ihnen gerne helfen.

Mehr Gerechtigkeit für Hausfrauen

Wenn es darum ging, Schadensersatzansprüche für eine durch einen unverschuldeten Unfall behinderte Hausfrau festzusetzen, standen die Richterinnen bislang vor der schwierigen Frage, wie sie den Leistungsausfall bewerten sollten. Die unglaublichsten Urteile gingen immer wieder durch die Presse. Das »Münchner Modell« führt jetzt 19 verschiedene Haushaltstypen ein, für die je eine festgesetzte Arbeitsstundenzahl gilt. Je mehr Kinder oder pflegebedürftige Angehörige zu versorgen sind, desto höher wird der »Arbeitsausfall« der Hausfrau bewertet. Für die Berechnung der Ausfallstunden werden die Bezüge von Hausangestellten zugrunde gelegt.

2.2 Krankenversicherung

Gesetzliche oder private Krankenversicherung?

In der Bundesrepublik gibt es zwei unterschiedliche Krankenversicherungssysteme: das gesetzliche (Ortskrankenkassen, Ersatz- und Betriebskrankenkassen) und das private. Im Gesundheitsreformgesetz von 1989 ist genau geregelt, wer sich wo versichern kann oder muß.

Grundsätzlich pflichtversichert in der gesetzlichen Krankenversicherung (GKV) sind alle **Arbeitnehmerinnen,** soweit ihr Gehalt die sogenannte »Beitragsbemessungsgrenze« (auch: Jahresarbeitsentgeltgrenze) nicht überschreitet. Für 1992 heißt das konkret: Wer über DM 5.100,- (alte Bundesländer) bzw. DM 3.600,- (neue Bundesländer) brutto monatlich verdient, einschließlich regelmäßige zusätzliche Leistungen wie 13. Gehalt, vermögenswirksame Leistungen etc., für die besteht *keine* Versicherungspflicht. Sie hat die Wahl, sich freiwillig in der GKV oder in einer privaten Krankenversicherung (PKV) zu versichern — oder auch gar nicht. Alle Arbeitnehmerinnen, die ein Einkommen zwischen DM 501,- (300,-) und DM 5.100,- (3.600,-) haben, sind in der GKV versicherungspflichtig.

In der GKV sind — im Gegensatz zur PKV — **Ehegatten** kostenfrei mitversichert, solange sie selbst über kein Einkommen von mehr als DM 500,- monatlich verfügen.

Kinder sind in der GKV beitragsfrei mitversichert:
- grundsätzlich bis zur Vollendung des 18. Lebensjahres,
- solange sie nicht erwerbstätig sind bis zum 23. Lebensjahr,
- solange sie sich in der Ausbildung befinden bis zum 25. Lebensjahr.

Ist der besser verdienende Elternteil privat versichert und

liegt sein Einkommen oberhalb der Beitragsbemessungsgrenze, haben die Kinder keinen Anspruch auf Familienversicherung in der GKV des anderen Elternteils. Der Versuch z.B., die Kinder beitragsfrei in der GKV des studierenden Vater zu versichern, während die Mutter als gut verdienende Selbständige privat versichert ist, mag zwar zunächst unbeanstandet bleiben, weil die GKV eventuell nicht überprüft, ob überhaupt (noch) Anspruch auf Familienversicherung besteht. Spätestens aber dann, wenn ein Kind kostenintensiv (weil krank) wird, wird die Kasse überprüfen. Im ungünstigsten Fall kann das bedeuten, daß die Kasse keinen Versicherungsschutz mehr übernimmt.

Hausfrauen, deren Ehemänner gesetzlich versichert sind, haben Anspruch auf Familienversicherung. Alle anderen haben die Möglichkeit, sich privat zu versichern oder freiwillig in die GKV einzutreten. Der Hausfrauenbeitrag für die GKV liegt 1992 je nach Kasse bei etwa DM 130,- bis DM 200,- (alte Bundesländer).

Arbeitslose, die Anspruch auf Leistungen aus der Sozialversicherung, also z.B. Anspruch auf Arbeitslosengeld haben, sind automatisch über das Arbeitsamt in der GKV pflichtversichert. Eine bestehende PKV kann sofort gekündigt werden. Viele PKV bieten jedoch die Möglichkeit der kostenfreien »Ruhensvereinbarung« bis zu 24 Monaten an. Während dieses Zeitraums ist eine Wiederinstandsetzung der PKV zu den alten Konditionen möglich.

Besteht kein Anspruch auf Arbeitslosengeld, bleibt die versicherungstechnische Situation wie vor Eintritt der Arbeitslosigkeit. Für privat Versicherte entfällt lediglich der Beitrag für das versicherte Krankentagegeld. In diesem Fall muß die versicherte Frau aktiv an ihre PKV herantreten.

Einige PKV sind bei Arbeitslosigkeit auf dem Kulanzwege bereit, auch mitten im laufenden Versicherungsjahr einzelne Tarife umzustellen. Bei einem Wechsel vom 2-Bett-Zimmer zum Mehrbett-Zimmer z.B. spart frau monatlich ca. DM 100,- ein. Versicherte, die nicht ohnehin schon einen günstigen Tarif mit hoher Selbstbeteiligung gewählt haben, können über die Erhöhung der jährlichen Selbstbeteiligung unter Umständen auch einiges sparen. Leider korreliert eine höhere Selbstbeteiligung nicht immer mit entsprechender bzw. höherer Kostenersparnis.

Für **Sozialhilfeempfängerinnen** übernimmt in der Regel das Sozialamt die Kosten für die Krankenversicherung, egal ob Sie privat oder gesetzlich versichert sind – allerdings nur bis zur Höhe des durchschnittlichen Satzes für freiwillig Versicherte der untersten Einkommensstufe (zur Zeit sind das ca. DM 270,- monatlich).

Freiberuflerinnen und Selbständige können sich, unabhängig von ihrem Einkommen, privat versichern. Wenn sie nicht unmittelbar vor Beginn der selbständigen Tätigkeit mindestens 6 Monate versicherungspflichtig waren oder innerhalb der letzten 5 Jahre für mindestens 12 Monate in der GKV gewesen sind, darf keine GKV sie aufnehmen. Es bleibt in solchen Fällen nur die Wahl: privat versichern oder gar nicht.

Wenn Frauen den Schritt in die berufliche Selbständigkeit tun und die Wahl zwischen der GKV und der PKV haben, fühlen sie sich oft genötigt, sofort eine Entscheidung zu treffen. Dazu besteht in der Regel aber gar kein Anlaß: Sie können durchaus zunächst die freiwillige Mitgliedschaft in der GKV beantragen und dann später, wenn sie sich sicher sind, daß die PKV die günstigere und bessere für sie ist, zum übernächsten Monatsende den Vertrag mit der GKV kündigen.

Oft liegt der Beitrag bei der GKV zu Beginn der Selbständigkeit niedriger als bei der PKV. Mit steigendem Verdienst kehrt sich das Verhältnis aber häufig um, denn der Beitrag zur GKV steigt entsprechend mit. Der Beitrag der PKV aber bleibt gleich (es sei denn, daß sie inzwischen in der nächsthöheren Altersstufe gelandet sind).

Freiberuflich tätige Künstlerinnen und Publizistinnen sind über die Künstlerinnen-Sozialkasse (KSK) versicherungspflichtig (Näheres zur KSK in Kapitel 4.1). Dennoch haben sie zu Beginn ihrer Tätigkeit die Wahl zwischen GKV und PKV.

Praktikantinnen, mit Ausnahme von Ärztinnen im Praktikum, sind in der GKV versicherungspflichtig. Auch Frauen, die als **Landwirtin** selbständig sind, gelten als versicherungspflichtig.

Geschäftsführerinnen einer GmbH sind dann versicherungspflichtig, wenn sie weder »beherrschend« sind, noch mit ihrem Einkommen oberhalb der Beitragsbemessungsgrenze liegen. Ansonsten werden sie zu den versicherungsfreien Selbständigen gezählt. Beherrschend ist eine Geschäftsführerin dann, wenn sie entweder 50 Prozent der GmbH-Anteile hält, oder wenn sie die tatsächliche Entscheidungsgewalt hat.

Auch für **Beamtinnen** ist die PKV zuständig. Je nach Familienstatus bekommen sie 50 bis 80 Prozent der Krankheitskosten von der staatlichen »Beihilfe« erstattet. Das gilt für die ganze Familie, solange der Ehemann nicht versicherungspflichtig ist oder mit einer selbständigen Tätigkeit über DM 35.000,- im Jahr verdient. Beamtenanwärterinnen kommen in den Genuß von extrem günstigen Sonderprämien während der Zeit des Referendariats oder Vikariats.

Studentinnen sind versicherungspflichtig, solange sie nicht über das 14. Fachsemester hinaus studieren oder das 30. Lebensjahr vollendet haben. Zur Zeit beträgt der Beitrag für versicherungspflichtige Studentinnen DM 69,96 im Monat. Darüber hinaus gibt es in der GKV einen Studentinnentarif für diejenigen, die nicht mehr versicherungspflichtig sind. Der Beitrag ist von Kasse zu Kasse unterschiedlich, mit etwa DM 100,- bis DM 160,- müssen Sie rechnen. Bafög-Empfängerinnen erhalten einen Zuschuß zur Krankenversicherung.

Wenn Sie (nachweislich) länger als drei Monate krank waren, kann die GKV Ihnen über das 14. Fachsemester bzw. den 30. Geburtstag hinaus ein Semester länger Versicherungspflicht »gönnen«. Das gleiche gilt, wenn Sie ein Kind erziehen.

Studentinnen haben die Möglichkeit, sich vor Beginn des Studiums von der Pflichtversicherung befreien zu lassen, wenn kein Anspruch auf Familienversicherung in der GKV besteht.

Während des Studiums können Sie sich befreien lassen, wenn mit dem 25. Lebensjahr der Anspruch auf Familienversicherung erlischt. Sie können sich dann über einen privaten Studentinnentarif versichern lassen.

Mit größter Vorsicht ist der sogenannte »PSKV«-Tarif zu genießen, der von den PKV einheitlich für DM 72,- angeboten wird. Für die älteren Semester, ab 30 Jahre, kostet er DM 95,-. Dieser Tarif gestattet den Ärztinnen aber nur Abrechnungssätze, die denen der GKV gleichkommen. In der Praxis führt das dazu, daß Sie jede Ärtzin vor Beginn der Behandlung fragen müssen, ob sie bereit ist, einen so »niedrigen« Satz privat abzurechnen. (Ärztinnen dürfen privat viel höhere Beträge liquidieren, als über den Krankenschein der GKV möglich ist).

Haben Sie sich einmal von der studentischen Pflichtversicherung befreien lassen, gibt es während des Studiums kein Zurück in die GKV!

Rentnerinnen können in der GKV versichert werden, wenn Sie »mindestens neun Zehntel der 2. Hälfte der Erwerbstätigkeit« in der GKV versichert waren. Da die Rentnerinnenbeiträge zur GKV nach der Höhe der Rente bemessen werden, fällt der Beitrag hier niedriger aus als vor Rentenbeginn. Dagegen bleibt er in der PKV unverändert hoch bzw. steigt überproportional, was den PKV scharfe Kritik einbrachte. Inzwischen hat das Bundesaufsichtsamt die PKV angewiesen, die »Altersrückstellungen« zu erhöhen. Für die Rentnerinnen soll diese Maßnahme zu Beitragssenkungen von bis zu 30 Prozent führen.

Sowohl gesetzlich als auch privat Versicherte bekommen einen staatlichen Zuschuß in Höhe von zur Zeit 6,25 Prozent ihrer Rente.

Leistungen der gesetzlichen Krankenversicherung

Die Beiträge der gesetzlichen Krankenversicherung richten sich nach dem Einkommen der versicherten Person; je mehr jemand verdient, desto höher ist der Beitrag (bis zur Jahresarbeitsentgelt- bzw. Beitragsbemessungsgrenze). Je nach Kasse variiert der Höchstbeitrag, im Durchschnitt liegt er bei etwa DM 622,- für Pflichtversicherte und etwa DM 700,- für freiwillig Versicherte. Eigenständig versicherte Kinder kosten zur Zeit etwa DM 130,-. Der derzeitige Durchschnittssatz von 12,6 Prozent vom Bruttolohn soll bis zum Ende des Jahres 1992 auf 13 Prozent angehoben werden.

Um den ständig steigenden Kosten im Gesundheitswesen zu begegnen, plant Bundesgesundheitsminister Horst Seehofer weitere Leistungseinschränkungen der gesetzlichen Krankenkassen und Maßnahmen, die die Ärztinnen auch in ihrer Entscheidungsfreiheit, was sie verordnen oder verschreiben, einschränken sollen.

So sieht das Leistungsspektrum zur Zeit aus

Die GKV zahlt auf Krankenschein für Behandlung durch **Vertragsärztinnen,** die frau frei wählen darf, allerdings innerhalb eines Quartals nur schwierig wechseln kann. Geleistet wird auch für Vorsorgeuntersuchungen, Impfungen, Kuren (auch »Mutter & Kind«) und Rehabilitationsmaßnahmen. (Für Kuren und Reha-Maßnahmen müssen allerdings in der Regel Beiträge zur staatlichen Rentenversicherung bezahlt worden sein.)

Selbstverständlich sind auch alle im Zusammenhang mit Schwangerschaft und Geburt auftretenden Kosten versichert. »Legale« Schwangerschaftsabbrüche werden von der Kasse getragen — auch bei sozialer Indikation.

In der GKV pflichtversicherten Frauen steht generell ein **Krankentagegeld** zu. Im Krankheitsfall zahlt die Arbeitgeberin während der ersten 6 Wochen den Verdienstausfall. Danach muß die Krankenkasse 80 Prozent des Bruttolohnes, maximal DM 136,- täglich, übernehmen. Freiwillig Versicherte bekommen ein Krankentagegeld, soweit sie sich dafür versichert haben. Für beide Gruppen gilt: Wer innerhalb von drei Jahren wegen derselben Krankheit länger als 78 Wochen krankgeschrieben ist, verliert den Anspruch auf Krankentagegeld. Der Gang zum Sozialamt ist dann meist unausweichlich.

Die GKV bezahlt grundsätzlich keine Behandlung durch **Heilpraktikerinnen,** auch nicht deren Rezepte.

Die GKV zahlt meistens keine **Psychotherapie.** In Ausnahmefällen nur für bestimmte Therapieformen wie Verhaltenstherapie.

Für **Arzneimittel und Heilmittel** (z.B. Massagen) ist ein Eigenanteil zu zahlen. Ausgenommen von dieser Regelung sind lediglich die Medikamente, für die ein Festbetrag gilt. Das sind Produkte, die sich durch ein sehr günstiges Verhältnis von Preis und Qualität auszeichnen.

Brillengläser werden in einfacher Ausführung, **Kontaktlinsen** meist nur noch in medizinisch notwendigen Ausnahmefällen von der GKV bezahlt. Für ein Brillengestell gibt es einen Zuschuß von DM 20,-.

Zahnärztliche Behandlung wird zu 100 Prozent erstattet, **Zahnersatz** nur zwischen 40 und 60 Prozent, je nach Material und Vorsorgeverhalten. Wer regelmäßig zur Kontrolle geht, bekommt einen Bonus von 10 Prozent.

Das Krankenhaus können Sie nicht frei wählen. Es muß ein nahe gelegenes **Vertragskrankenhaus** sein, sonst müssen Sie dazubezahlen. Einen Eigenanteil von DM 10,- pro Tag (max. DM 140,- im Jahr) müssen Sie in jedem Fall tragen. In der Diskussion ist, die Begrenzung auf derzeit 14 Tage aufzuheben und den Zuzahlungsbetrag jährlich zu erhöhen. Sollte diese Überlegung in die Praxis umgesetzt werden, müßten Schwerkranke künftig DM 300,- (jährlich steigend) monatlich für ihren Krankenhausaufenthalt bezahlen!

Die Unterbringung erfolgt, wenn nicht eine ansteckende Krankheit dagegen spricht, im **Mehrbettzimmer.** Die Behandlung übernimmt die diensthabende Ärztin.

Der Geltungsbereich der GKV beschränkt sich auf die Bundesrepublik Deutschland. Leistungen für Erkrankungen im

Ausland erbringt die Kasse nur, wenn mit dem entsprechenden Land ein Sozialversicherungsabkommen besteht. Und dann auch nur im Rahmen der Bestimmungen des ausländischen Versicherers. Rettungsflüge aus dem Ausland werden nicht übernommen.

Mütter, die während des dreijährigen **Erziehungsurlaubes** nicht mehr als 19 Stunden in der Woche arbeiten, bleiben über die gesamte Zeit beitragsfrei versichert, wenn sie nicht mehr als DM 500,- monatlich verdienen. (Für DM 6,58 pro Stunde arbeitet heute hoffentlich keine Frau mehr.)

Problematisch sind die Leistungen der GKV für Kinder hinsichtlich eines eventuellen Krankenhausaufenthaltes. Die **Mitaufnahme einer Betreuungsperson** für ein kleines Kind wird von den GKV nur dann bezahlt, wenn eine Ärztin dies für medizinisch notwendig erklärt. Zusätzliche Probleme kann die Situation im Mehrbettzimmer bringen, denn oft ist die Mitaufnahme der Mutter oder des Vaters von der räumlichen Situation her schon schwierig. Ich rate deshalb Müttern von Kleinkindern zum Abschluß eines privaten Zusatztarifes, der ihnen — unabhängig von der Einschätzung der Ärztin — erlaubt, mit dem kranken Kind rund um die Uhr im Zweibettzimmer zu verbringen. Wenn es um kleine Kinder geht, hat eine solche Versicherung meines Erachtens nichts mit Luxus, sondern mit psychischer und medizinischer Notwendigkeit zu tun. Aber Achtung: Bei sehr vielen Gesellschaften ist dieses »Rooming in« nicht automatisch Bestandteil der tariflichen Leistungen. Sie haben dann die Möglichkeit, über eine Krankenhaustagegeldversicherung für das Kind die Kosten für Ihre Mitaufnahme abzusichern. Lassen Sie sich die Bestimmungen unbedingt schriftlich geben!

Gesetzlich Versicherte haben Anspruch auf eine bezahlte **Haushaltshilfe,** wenn ein Kind unter 8 Jahren im Haushalt lebt, das nicht von anderen im Haushalt lebenden Personen versorgt werden kann, in folgenden Situationen:

— während einer stationären Behandlung,

— während einer Rehabilitationsmaßnahme,
— während einer Kur,
— bei häuslicher Krankenpflege,
— nach einer Entbindung bzw. vorher, wenn Bettruhe ärztlich verordnet ist.

Gesetzlich Versicherte haben die Möglichkeit, eine **private Zusatzversicherung** abzuschließen, die die Lücken der GKV weitgehend schließt.

Die »ambulanten« Zusatztarife übernehmen in der Regel die Restkosten von Brillen, Kontaktlinsen, Zahnersatz (bis höchstens 90 Prozent), Behandlungskosten von Heilpraktikerinnen und Arztrechnungen aus dem Ausland. Die »stationären« Zusatzversicherungen bieten die Möglichkeit, sich im Krankenhaus wie eine Privatpatientin behandeln zu lassen. Die »Reise-Krankenversicherung« übernimmt ausschließlich die Kosten für ärztliche Bemühungen im und den Rücktransport aus dem Ausland.

Leistungen der privaten Krankenversicherung

Zunächst sollten Sie eines wissen: Die Provisionen der Versicherungsvermittlerinnen richten sich nach der Höhe des monatlichen Beitrages. Je höher der Beitrag, desto höher die Provision. Nur so läßt sich erklären, daß teure Gesellschaften überhaupt am Markt bestehen können.

Und nur so läßt sich auch begreifen, warum immer noch häufig Tarife abgeschlossen werden, die keine oder nur eine niedrige Eigenbeteiligung der Kundin vorsehen. Und das, obwohl bei vielen PKV der monatliche Beitrag plus der Eigenbeteiligung deutlich unter den Kosten eines Tarifes ohne Eigenbeteiligung liegt.

Beispiel: Die Kosten für eine Vollversicherung ohne Selbstbeteiligung im ambulanten Bereich betragen für eine 35jährige

Frau monatlich DM 576,40; bei einer Selbstbeteiligung von DM 1.000,- im Jahr reduzieren sich die Kosten auf monatlich DM 345,80. Das heißt konkret: Selbst wenn diese Frau so oft zu ambulanten Ärztinnen geht, daß Sie Rechnungen von mehr als DM 1.000,- im Jahr »produziert«, zahlt sie gegenüber der ersten Variante DM 1.767,20 weniger im Jahr — bei derselben Gesellschaft!

Es kommt also beim Abschluß von privaten Krankenversicherungen nicht nur darauf an, eine leistungsstarke, möglichst günstige Gesellschaft zu finden, sondern auch noch darauf, innerhalb dieser Gesellschaft den Tarif auszumachen, der für Sie am besten kalkuliert ist. Oft werden Sie auch darüber in Unkenntnis gelassen, daß zahlreiche PKV die Möglichkeit vorsehen, im stationären Bereich nur die »allgemeine Pflegeklasse« zu versichern. Sie verzichten zwar damit auf die Ärztinnenwahl (im stationären Bereich) und das Ein- oder Zweibettzimmer, zahlen dafür aber erheblich weniger Beitrag. In unserem obigen Beispiel würde das nochmal eine monatliche Minderbelastung (»Ersparnis«) von DM 86,30 ergeben; das sind im Jahr DM 1.035,60. Alles zusammen also eine Summe von DM 2.802,80 jährlich!

Bei den PKV richtet sich der Beitrag nach dem Eintrittsalter und dem Geschlecht.
Die einzelnen Leistungen und Preise der PKV sind sehr unterschiedlich. Einheitlich für alle gilt folgendes:

Es besteht absolut **freie Ärztinnenwahl** im ambulanten Bereich, die Ärztin kann jederzeit gewechselt werden.

Für **Arzneimittel und Heilmittel** gibt es bei den meisten Tarifen keine Eigenbeteiligung.

Augenärztlich verordnete **Brillen und Kontaktlinsen** werden übernommen. Brillengestelle bis zu DM 400,-.

Große Unterschiede sind in den sogenannten »Hilfsmittelkatalogen« zu finden. Viel entscheidender als die Frage danach, in welcher Höhe Brillen erstattet werden, ist die Frage, ob Krankenfahrstühle, Herzschrittmacher, Heimdialyse etc. bezahlt werden. Milchpumpen und Inhaliergeräte gehören keineswegs zu tariflich garantierten Leistungen.

Zahnbehandlung und Zahnersatz werden je nach Gesellschaft und Tarif zu unterschiedlichen Sätzen übernommen. Meistens gilt: Zahnbehandlung zu 100 Prozent, Zahnersatz zu 75 bis 80 Prozent.

Das **Krankenhaus** dürfen Sie frei wählen.

Wenn Sie ein **Ein- oder Zweibettzimmer** versichert haben, wählen Sie auch die behandelnde Ärztin. Sie haben keine Eigenbeteiligung und genießen größeren Komfort. Wenn Sie z.B. einen komplizierten Bruch haben, können Sie sich eine Spezialistin Ihres Vertrauens suchen. Die Frage nach der Bettenzahl kann durch das »Risiko« Klinikentbindung an Bedeutung zunehmen. Ist der Aufenthalt im Mehrbettzimmer nach einer glücklichen Geburt schon stressig, so ist er nach einer problematischen Entbindung eigentlich unzumutbar. Jede Mutter, die ein krankes Kind zur Welt gebracht hat, sollte die Möglichkeit haben, ohne die Blicke wildfremder Menschen mit dieser Situation fertig zu werden. Wenn das eigene Kind auf der Intensivstation gegen den Tod kämpft, ist der Anblick glücklicher Mütter und deren Babys ein Alptraum. Leider hat das Klinikpersonal für derartige Dinge nicht immer einen Blick, so daß nur privat Versicherte im Einbettzimmer vor einer solchen Situation geschützt sind.

Behandlungen bei **Heilpraktikerinnen** werden von den PKV fast ausnahmslos bezahlt. Aber Vorsicht: Die sogenannte »Wissenschaftlichkeitsklausel«, die bei den meisten Gesellschaften Anwendung findet, schränkt die Großzügigkeit ein. Bezahlt werden danach nur Behandlungen, die als wissenschaftlich anerkannt gelten. Darüber, ob eine beabsichtigte Heilbehandlung als wissenschaftlich anerkannt gilt, muß die Heilpraktikerin (Ärztinnen übrigens auch!) vor der Behandlung Auskunft erteilen. Leider geschieht das noch viel zu selten, und so kommt es immer wieder vor, daß die PKV nur einen Teil der Kosten erstattet. Klären Sie daher unbedingt *vor* der Behandlung mit Ihrer Heilpraktikerin, welche Ziffern der Gebührenordnung zum Tragen kommen sollen. Um Ärger zu vermeiden, können Sie sich auch vor einer beabsichtigten Behandlung mit Ihrer Versicherungsgesellschaft in Verbindung setzen. Es gibt einige wenige PKV, die tariflich alle Heilpraktikerinnenleistungen akzeptieren. Das lassen sie sich allerdings meist ganz gut bezahlen.

Die Leistungen erstrecken sich — meist zeitlich beschränkt — auch auf das **Ausland.** Wenige Tarife sehen eine zeitlich uneingeschränkte Weltgeltung vor.

Die Kosten für alle mit einer **Schwangerschaft** verbundenen Untersuchungen und Behandlungen, einschließlich der Entbindung, werden grundsätzlich übernommen.

Keineswegs selbstverständlich ist, daß ein **Schwangerschaftsabbruch** bezahlt wird. Viele Gesellschaften sehen hier nur Leistungen vor, wenn es sich um eine medizinische Indikation handelt. Als ich neulich einen Sachbearbeiter einer Krankenversicherungsgsellschaft danach fragte, ob bei »seiner« Gesellschaft ein Schwangerschaftsabbruch auch bei sozialer Indikation bezahlt werde, wurde ich aufgeklärt mit den Worten: »Wir sind doch keine Sozialversicherung, wird sind eine Krankenversicherung.«

Die medizinische Notwendigkeit ist bei den meisten PKV auch Voraussetzung für die Kostenerstattung einer **Sterilisation.**

Eine ambulante oder **Hausgeburt** spart der Kasse Geld. Die einen freuen sich nur darüber, die anderen geben zumindest einen Teil der Ersparnis an die Versicherte weiter. Bis zu DM 2.050,- Pauschale gibt es bei einigen PKV als Dankeschön — selbstverständlich zusätzlich zu den Ärztinnen- und Hebammenhonoraren.

Bei **schwangerschaftsbedingten Erkrankungen** bezahlen viele PKV kein Krankentagegeld, das heißt, eine Schwangere, die über mehrere Monate wegen drohender Fehl- oder Frühgeburt liegen muß, hat keinen Anspruch auf Krankentagegeld.

Nur wenige Gesellschaften bieten diese Leistung, im günstigsten Fall sogar während der Mutterschutzfristen.

Große Unterschiede gibt es auch bei der Kostenerstattung für **Psychotherapie.** Oft ist die erstattungsfähige »Sitzungszahl« begrenzt auf 20 bis 30 Stunden im Jahr; oder es wird eine Therapie ausschließlich bei Fachärtzinnen, nicht aber bei Diplom-Psychologinnen bezahlt.

Kuren sind je nach Gesellschaft unterschiedlich versicherbar; bei vielen Anbietern allerdings nur über einen Extratarif.

Prinzipiell ist es möglich, das **Krankentagegeld** (Verdienstausfall-Versicherung) bei einer anderen Gesellschaft abzuschließen als die private »Vollversicherung«. Das häufigste Motiv für diese Überlegung ist die Kostenersparnis. Aber Achtung: Die Gesellschaften haben das Recht, in den ersten drei Versicherungsjahren die Krankentagegeldversicherung zu kündigen, was sie oft genug tun, wenn sie — im Krankheitsfall — in Anspruch genommen wurden. Haben Sie dagegen alle Krankenversicherungen bei derselben Gesellschaft abgeschlossen, wird in der Regel auf dieses Kündigungsrecht verzichtet.

Das Krankentagegeld, das Sie von einer PKV bekommen, ist steuerfrei; von einer GKV ist es steuerpflichtig. Im Gegensatz zur GKV darf die PKV die Dauer ihres Krankentagegelds zeitlich nicht begrenzen. Sie können also auch länger als 78 Wochen krankgeschrieben sein. Erst wenn Ihre Ärztin Ihnen »Berufsunfähigkeit« attestiert, endet die Leistungspflicht der PKV.

Eine Krankentagegeldversicherung können Sie so abschließen, daß Sie schon nach wenigen Tagen der Krankheit das vereinbarte Tagegeld bekommen. Sie können diese »Karenzzeit« aber auch höher setzen, z.B. so, daß Sie erst zwei, drei, vier oder sechs Wochen nach Beginn der Krankschreibung Geld bekommen. Je höher die »Karenzzeit«, desto niedriger der Beitrag.

Das Krankentagegeld wird oft verwechselt mit dem **Krankenhaustagegeld,** das nur dann gezahlt wird, wenn die betreffende Person im Krankenhaus liegt. Für das Krankentagegeld dagegen reicht die Krankschreibung durch eine Ärztin.

Privat Versicherte haben keinen Anspruch auf eine bezahlte Haushaltshilfe. Leistungen können von der PKV auf dem Kulanzwege erbracht werden, was allerdings in den seltensten Fällen geschieht. Es besteht aber die Möglichkeit, das Krankentagegeld oder Krankenhaustagegeld so hoch abzuschließen, daß die Kosten für eine Haushaltshilfe von diesem Geld bezahlt werden können. Die »Entbindungspauschale«, die einige Gesellschaften bei Hausgeburten und ambulanten Geburten zahlen, soll bei der »Wochenbettpflege« für Gerechtigkeit sorgen, also die Haushaltshilfe finanzierbar machen. Frauen, die noch Kinder bekommen wollen, müssen unbedingt darauf achten, daß ihre PKV das Krankentagegeld auch wegen schwangerschaftsbedingter Erkrankung zahlt! Lassen Sie sich die kompletten Versicherungsbedingungen zeigen!

Eine PKV kann nur unter zwei Bedingungen **kündigen:** Erstens, wenn sie nachweisen kann, daß im Aufnahmeantrag Erkrankungen verschwiegen oder falsch dargestellt wurden, und zweitens, wenn Sie Ihre Beiträge nicht bezahlen.

Alle Krankheiten der letzten 3 bis 10 Jahre müssen im Aufnahmeantrag wahrheitsgemäß aufgeführt werden. »Vergessen« Sie z.B., einen »Hexenschuß« anzugeben, und reichen ein Jahr später Ärztinnenrechnungen wegen Rückenbeschwerden ein, dann könnte es passieren, daß Ihre Krankenkasse unfreundlich reagiert, sogar mit Kündigung. Wenn alle Angaben korrekt gemacht waren, kann keine PKV kündigen! (Ausnahme: eine Krankentagegeldversicherung kann ohne Angabe von Gründen in den ersten 3 Jahren von der Gesellschaft gekündigt werden — s.o.)

Für privat Versicherte gelten nach Abschluß eines Vertrages für die Erstattung der Kosten **Wartezeiten** von generell 3 Monaten und von 8 Monaten für Entbindung, Zahnbehandlung und -ersatz, Kieferorthopädie und Psychotherapie. Diese Wartezeiten entfallen aber immer dann, wenn ein nahtloser Übergang aus der GKV besteht. Frauen, die von einer PKV in die andere wechseln wollen, können die Wartezeiten über ein sogenanntes »Wartezeitenattest« erlassen bekommen. Dazu müssen sie sich von einer Ärztin bescheinigen lassen, daß sie gesund sind. Sie sollten darauf achten, daß möglichst keine Wartezeiten entstehen. Bei Unfällen entfallen zwar die allgemeinen Wartezeiten, aber es gibt auch unvorhersehbare Krankheiten, die dringender Behandlung bedürfen.

Die PKV haben unterschiedliche Bedingungen für die **Beitragsrückerstattung.** Nicht nur die Höhe der Rückerstattungen ist verschieden — auch die Voraussetzungen dafür sind von Gesellschaft zu Gesellschaft anders. Wenn Sie mindestens ein Jahr lang keine Leistungen in Anspruch genommen haben, dürfen Sie bei einigen PKV mit einem »Bonbon« rechnen. Aufgrund der vom Bundesaufsichtsamt geforderten Erhöhung der Altersrückstellungen fangen die ersten Unternehmen allerdings schon an, die Rückerstattungen einzustellen oder zumindest zu reduzieren. Gewichten Sie daher bitte dieses Kriterium nicht allzu stark!

Was Sie sonst noch wissen sollten

Gibt es ein Zurück von der privaten zur gesetzlichen Krankenversicherung?

Ein Gerücht lautet: »Wenn Du einmal aus der GKV raus bist, kommst Du nie wieder rein.« Das ist falsch! Eine privat versicherte Frau kommt solange nicht wieder in die GKV, wie sie entweder selbständig oder freiberuflich arbeitet oder als Angestellte ein Gehalt bezieht, das oberhalb der »Jahresarbeitsentgeltgrenze« liegt. In diesen beiden Fällen ist sie nämlich nicht versicherungspflichtig. Arbeitet sie wieder als Angestellte und liegt ihr Gehalt unterhalb der Jahresarbeitsentgeltgrenze, ist sie versicherungspflichtig, und der Vertrag mit der PKV endet »automatisch«. Die GKV muß sie aufnehmen.

Dauert das Angestelltenverhältnis mindestens 6 Monate (selbst wenn der monatliche Bruttolohn nur DM 600,- beträgt), dann kann frau danach auch als Selbständige freiwillig in der GKV bleiben. Seit der Gesundheitsreform von 1989 dürfen die GKV Selbständige nicht mehr aufnehmen, wenn vor Beginn der selbständigen Tätigkeit keine Pflichtmitgliedschaft bestand!

Fazit: Durch die Gesundheitsreform ist der Wechsel zwar erschwert, aber nicht unmöglich.

Was empfiehlt sich für Mütter?

Prinzipiell hat die GKV den großen Vorteil, daß die Person, die das Kind in den ersten 36 Monaten betreut, beitragsfrei gestellt wird, vorausgesetzt, daß sie kein eigenes Einkommen oberhalb von DM 500,- bzw. DM 300,- hat. Auch für das Kind muß in dieser Zeit nichts bezahlt werden, es sei denn, die »Ernährerin« liegt über der »Beitragsbemessungsgrenze« (zur Zeit DM 5.100,- in den alten und DM 3.600,- in den neuen Bundesländern).

Eine junge Mutter mit hohem Einkommen zahlt unter Umständen für sich und ihr Kind in der privaten Krankenversicherung weniger als in der gesetzlichen. Langfristig gesehen kann das den Vorteil, eine gewisse Zeit beitragsfrei zu sein, ausgleichen. In einem solchen Fall könnten die besseren Leistungen der privaten Versicherer dann den Ausschlag geben. Zudem haben die ersten PKV ihre Leistungen für Mütter in dieser Hinsicht verbessert: Bis zu 6 Monaten bleibt eine Mutter im Erziehungsurlaub beitragsfrei!

Nicht unerheblich ist auch die Frage nach der Krankenversicherung des Vaters.

Bei welchem Elternteil sind Kinder zu versichern, wenn beide Eltern verdienen?

Grundsätzlich gilt hier folgende Regelung: Die Kinder müssen über den Elternteil versichert werden, der mehr verdient. Ist der besserverdienende Elternteil gesetzlich versichert, dann kommen die Kinder in den Genuß der kostenlosen »Familienversicherung«. Wenn der besserverdienende Teil privat versichert ist und ein Einkommen oberhalb der Beitragsbemessungsgrenze hat, müssen auch die Kinder privat oder eigenständig in der GKV versichert werden, es entstehen also zusätzliche Kosten. Liegt das Einkommen der Besserverdienenden unterhalb dieser Grenze, haben die Kinder Anspruch auf Leistungen der GKV. Sollten beide Eltern oberhalb der Bemessungsgrenze liegen, kommt es wieder darauf an, wer mehr verdient. Ist es die privat Versicherte, haben die Kinder keinen Anspruch, beitragsfrei bei der GKV des anderen Elternteils mitversichert zu sein.

Wenn ein **Neugeborenes** privat versichert werden soll, kann es innerhalb von zwei Monaten nach der Geburt bei der Gesellschaft angemeldet werden, bei der Sie oder der Vater des Kindes versichert sind. Sie muß das Kind annehmen, egal wie krank es möglicherweise ist! Das Kind kann aber auch bei einer anderen Gesellschaft versichert werden, die jedoch die Aufnahme ablehnen kann. Die meisten PKV versichern Kinder nur dann, wenn mindestens ein Elternteil auch dort versichert ist.

Freie Tage für Eltern

Ab sofort bekommen Eltern jeweils bis zu 10 arbeitsfreie Tage im Jahr bezahlt, wenn sie ein krankes Kind unter 12 Jahren betreuen müssen. Bei zwei Kindern erhöht sich der Anspruch auf je 20, ab drei auf je 25 Tage. Alleinerziehende haben den gleichen Anspruch wie Ehepaare! Den Lohn zahlt normalerweise der Arbeitgeber – wenn nicht, muß die gesetzliche Krankenkasse einspringen; nicht jedoch die private.

2.3 Pflegeversicherung

In der Bundesrepublik sind rund zwei Drittel aller Pflegebedürftigen auf Sozialhilfe angewiesen. Die Kosten sowohl für die ambulante als auch für die stationäre Pflege sind so hoch, daß sie nicht nur die Rente, sondern auch schnell sämtliche Ersparnisse verschlingen.

Über Lösungen, die diesen unwürdigen und unhaltbaren Zustand beenden könnten, diskutieren »unsere« Politikerinnen seit Jahren. Uneinigkeit herrschte darüber, wie die Absicherung von pflegebedürftigen Personen finanziert werden soll. Inzwischen haben sie sich weitgehend verständigt.

Spätestens 1996 soll die Pflegeversicherung für alle Pflicht werden. Für alle Angestellten ist geplant, die Pflegeversicherung über einen Beitrag in Höhe von 1,7 Prozent des Bruttolohnes zu finanzieren. Dabei soll die Arbeitgeberin die Hälfte übernehmen. Die Beitragsbemessungsgrenze wird, wie bei der Krankenversicherung, bei zur Zeit DM 5.100,- liegen, d.h., der Höchstbeitrag läge derzeit bei 86,70 DM monatlich. Die Leistungen im Fall der stationären Pflege sollen auf DM 2.100,- monatlich, die für ambulante auf DM 1.200,- begrenzt werden.

Angebote für die Absicherung der Pflegebedürftigkeit gibt es von den privaten Krankenversicherern schon seit einigen Jahren. Es sind zwar nur wenige, dafür unterscheiden sie sich in ihren Leistungen umso mehr.

Grundsätzlich zu unterscheiden sind die
— Pflegekostenversicherung und die
— Pflegetagegeldversicherung.

Bei der **Pflegekostenversicherung** werden maximal 80 Prozent der Pflegekosten durch Fachpersonal übernommen. Unterbringung und Verpflegung sind von der Versicherten zu tragen. Werden Verwandte zur Pflege herangezogen, erhalten sie ersatzweise ein Tagegeld.

Die **Pflegetagegeldversicherung** bezahlt ein Tagegeld, das abhängig ist vom Grad der Pflegebedürftigkeit und der Art der Pflege, ob im Krankenhaus oder zu Hause, ob durch Verwandte oder durch Fachpersonal.

Eine 30jährige Frau bezahlt zur Zeit bei einer privaten Versicherung etwa DM 45,- (monatlich) für ein Pflegetagegeld in Höhe von DM 100,- kalendertäglich. Damit kann sie sowohl häusliche als auch stationäre Pflegekosten absichern. Unter Umständen bezahlt die Arbeitgeberin die Hälfte des monatlichen Beitrages.

Im Ergebnis werden auch hier wieder die Besserverdienenden bei einer privaten Versicherung für niedrigere Beiträge höhere Leistungen erhalten. Mit hoher Wahrscheinlichkeit werden alle diejenigen, die nicht krankenversicherungspflichtig sind, mit dem Nachweis über eine private Pflegeversicherung von der gesetzlichen Pflichtversicherung befreit werden können. Vermutlich werden sich auch Versicherungspflichtige befreien lassen können, wenn sie vor Inkrafttreten des Gesetzes 1996 eine private Pflegeversicherung abgeschlossen haben.

Meist sind es Frauen, die die aufopferungsvolle häusliche Pflege von Angehörigen übernehmen. Von den GKV wird diese Arbeit mit maximal DM 400,- monatlich vergütet. Für eine häusliche Ersatzkraft bezahlen die GKV maximal DM 750,- monatlich. Es liegt also in unserem Interesse, daß auch die Männer, mit denen wir eventuell unseren Lebensabend verbringen wollen, eine ausreichende Absicherung für den Fall ihrer Pflegebedürftigkeit haben; zumal sich das Sozialamt gerne über Verwandte und nichteheliche Partner von Pflegebedürftigen »refinanziert«.

2.4 Berufsunfähigkeitsversicherung

Die drohende Versorgungslücke

Vollständige Berufsunfähigkeit liegt nach Definition der Versicherungen vor, wenn die Versicherte infolge von Krankheit, Körperverletzung oder Kräfteverfall, die ärztlich nachzuweisen sind, voraussichtlich dauernd außerstande ist, ihren Beruf oder eine andere Erwerbstätigkeit auszuüben, die aufgrund ihrer Ausbildung und Erfahrung ausgeübt werden kann und ihrer bisherigen Lebensstellung entspricht.

Die Versorgungslücke, die bei Berufs- oder Erwerbsunfähigkeit entsteht, ist den wenigsten Menschen bewußt. Es ist weitgehend unbekannt, daß etwa jede vierte Person in Folge von Berufs- oder Erwerbsunfähigkeit frühzeitig in Rente geht. Dabei liegt die Ursache nur zu etwa 10 Prozent in Unfällen begründet. Die restlichen 90 Prozent gehen auf das Konto von Krankheiten wie degenerative Rückenerkrankungen, Herz- und Kreislauferkrankungen, Nervenleiden und Tumorkrankheiten.

Selbständige Frauen haben meist überhaupt keine Absicherung für den Fall der Berufsunfähigkeit.

Auch **Beamtenanwärterinnen** haben keinen Anspruch auf Versorgung bei vorzeitiger Dienstunfähigkeit; sie werden aus dem Staatsdienst entlassen. Werden Beamtinnen in den ersten 10 Jahren dienstunfähig, erhalten sie nur 35 Prozent ihrer Bezüge.

Arbeitnehmerinnen können auch mit 25jähriger Beitragszahlung an die gesetzliche Rentenversicherung im Falle der Berufsunfähigkeit ihren Lebensunterhalt von diesen Leistungen allein nicht bestreiten. Ganze DM 710,54 bekommt eine Frau im Falle der Berufsunfähigkeit, wenn sie 25 Jahre lang den Durchschnittsbeitrag (von zur Zeit DM 676,- monatlich) zur staatlichen Rentenversicherung bezahlt hat. Die Berufsgenossenschaften müssen nur bei Berufskrankheiten oder -unfällen zahlen; ausreichend ist auch diese Rente nicht.

Die Leistungen aus der gesetzlichen Rentenversicherung sind also mehr als dürftig! Diese Versorgungslücke können Sie nur mit einer privaten Berufsunfähigkeitsversicherung schließen.

Eine Berufsunfähigkeitsversicherung (BU) zahlt Ihnen eine monatliche Rente, wenn Sie infolge von Krankheit oder Unfall (voraussichtlich dauerhaft) außerstande sind, Ihren Beruf auszuüben. Je nach Vereinbarung verpflichtet sich die Versicherung, ab einem BU-Grad von 25 bis 50 Prozent Leistungen zu erbringen. Zur Zeit muß eine 30jährige Frau etwa DM 100,- monatlich für diesen Schutz bezahlen, der sie bis zum 60. Lebensjahr mit einer monatlichen Rente von DM 2.000,- absichert. Anfang 1994 können wir bei fast allen Gesellschaften mit niedrigeren Beiträgen rechnen!

Auch **Hausfrauen** können sich versichern. Zur Zeit allerdings nur bis maximal DM 1.000,- monatlich, und nur bei wenigen Gesellschaften. Wenn Sie z.B. wegen Kindererziehung für einige Jahre aus dem Berufsleben ausgeschieden sind und vorher in Ihrem Beruf versichert waren, dann müssen Sie bei den meisten Gesellschaften jetzt — als Hausfrau — auf Ihren Versicherungsschutz verzichten. Eine seltene Ausnahme ist es, wenn die Gesellschaft Ihnen Ihren Versicherungsschutz in beliebiger Höhe weiter gewährt.

Worauf müssen Sie achten?

Die BU wird von wenigen Gesellschaften als eigenständige Versicherung angeboten. Meistens werden Sie genötigt, gleich noch eine relative hohe Lebensversicherung mit abzuschließen. In der **Kombi-Packung** ist der BU-Beitrag zwar unter Umständen etwas geringer als für die separate BU. Aber: Wenn dieser wichtige Versicherungsschutz an eine Kapitallebensversicherung gekoppelt wird, dann lassen sich beide Teile nicht mehr ohne weiteres getrennt voneinander steuern.

Stellen Sie sich vor, daß Sie aus gesundheitlichen Gründen nicht mehr voll arbeiten können. Die Versicherung muß aber noch nicht bezahlen, weil Sie erst zu 20 Prozent berufsunfähig geschrieben sind. Die Folge ist: weniger Verdienst. Ausgaben müssen gekürzt werden. Sinnvoll wäre in dieser Situation, den Versicherungsschutz für Berufsunfähigkeit in voller Höhe bestehen und die Beiträge für die Lebensversicherung ruhen zu lassen. Genau das ist aber nicht möglich, wenn beide in einem Vertrag erfaßt sind.

Sehr viele Frauen müssen beim Abschluß einer BU **Leistungsausschlüsse** oder **Risikozuschläge** hinnehmen. Allein eine extreme Kurzsichtigkeit oder ein wiederholt aufgetretener Hexenschuß reichen aus. Auch auf Allergien reagieren Versicherungen allergisch.

Problematisch an den **Versicherungsbedingungen** der privaten Unternehmen sind die sogenannte »Verweisungsklausel« und die »Arztanordnungsklausel«.

Mit Hilfe der Verweisungsklausel versuchen manche Versicherer alles, um uns im Falle der Berufsunfähigkeit auf einen anderen Beruf zu verweisen. Wir sollten deshalb mit unseren Fähigkeiten und Hobbys nicht zu sehr prahlen.

Über die Arztanordnungsklausel wollen uns viele Gesellschaften verpflichten, die Anordnungen der behandelnden Ärztin zu befolgen, wenn wir nicht auf die Leistungen der Versicherung verzichten wollen. Wenn wir einen solchen Vertrag abgeschlossen haben, ist es also sehr wichtig, uns — im Falle der Berufsunfähigkeit — vorab über die Behandlungsmethoden der Ärztin zu informieren.

Die Beiträge zur Berufsunfähigkeitsversicherung sind im Rahmen der »Vorsorgeaufwendungen« steuerlich absetzbar!

2.5 Unfall-Invaliditäts-Versicherung

Mit dem Begriff »Unfallversicherung« werden sehr unterschiedliche Risikoabsicherungen erfaßt. Angefangen bei der finanziellen Absicherung gegen den »Unfalltod« über »Unfalltagegeld«, »Genesungsgeld« bis hin zu »Bergungskosten« können Sie alles versichern. Die wichtigste Form der Unfallversicherung aber ist die »Invaliditätsversicherung«!

Eine **Unfall-Invaliditäts-Versicherung** sichert Sie gegen die finanziellen Folgen eines Unfalls, der sie dauerhaft invalide macht. »Führt ein Unfall zu einer dauernden Beeinträchtigung der körperlichen oder geistigen Leistungsfähigkeit ... so entsteht Anspruch auf Kapitalleistung aus der für den Invaliditätsfall versicherten Summe.« (Allgemeine Unfallversicherungs-Bedingungen 1988)

Die **gesetzliche Unfallversicherung** tritt bei Arbeitnehmerinnen nur dann ein, wenn sich der Unfall auf dem Weg zur oder während der Arbeit ereignet. Entsprechendes gilt für Schülerinnen und Kinder in Tagesstätten. Die Entschädigungen liegen am Rande des Existenzminimums bzw. darunter.

Die **private Unfallversicherung** zahlt für alle Unfälle, weltweit, egal ob es sich um einen Sport-, Auto-, Berufs-, Haushalts- oder sonstigen Unfall handelt.

Im Gegensatz zur Berufsunfähigkeitsversicherung hat die Frage danach, inwieweit Sie Ihren Beruf noch ausüben können oder nicht, keinen Einfluß auf die Entschädigung. Hier geht man stur nach der sogenannten »Gliedertaxe« vor, in der jedem Körperteil ein Invaliditätsgrad zugeordnet wird.

Die einmalige **Kapitalabfindung** richtet sich also nach der Versicherungssumme und dem Grad der Invalidität. Der Beitrags-/Leistungsvergleich fällt bei der Unfallversicherung nicht ganz leicht. Es gibt Beitragsunterschiede von bis zu 300 Prozent. Die **Progressionsstaffeln** setzen bei der einen Gesellschaft schon bei 25prozentiger, bei der anderen erst bei 90prozentiger Invalidität ein. Das steht, zumindest bei der zweiten, natürlich im Kleingedruckten. Eine Progressionsstaffel erhöht mit zunehmendem Invaliditätsgrad überproportional die Entschädigungsleistung, die die Gesellschaft zahlen muß.

Auch die Versicherungsbedingungen sind nicht identisch. Einige Gesellschaften schließen z.B. Lebensmittelvergiftungen mit ein in die Liste der möglichen Unfälle. Mit besonderen Leistungsangeboten für »kosmetische Operationen« geht manch eine Gesellschaft auf »Frauenfang« — zum Teil mit günstigen Tarifen. Frau sollte sich aber nicht blenden lassen und prüfen, ob nicht ein »geschlechtsneutraler« Anbieter noch günstiger oder besser ist. Werden in der Regel Leute mit handwerklicher Tätigkeit in die teurere »Gefahrengruppe B« eingestuft, stufen manche Gesellschaften Frauen generell in der günstigeren »Gefahrengruppe A« ein.

Eine **Unfall-Invaliditäts-Absicherung** sollten Sie auf jeden Fall dann haben, wenn Sie keine Berufsunfähigkeits-Versicherung abschließen wollen oder können. Ich bezeichne die Unfallversicherung gerne als den »billigen Kompromiß«; es bleibt das Risiko »Krankheit«, dafür ist der Beitrag vergleichsweise niedrig. Für viele Frauen ist es der »Rettungsanker«, wenn keine Gesellschaft wegen früheren Erkrankungen das Risiko der Berufsunfähigkeit tragen will.

Günstige Unfallversicherungen kosten zur Zeit etwa DM 10,- monatlich, bei einer Versicherungssumme von DM 100.000,-, die mit einer 225prozentigen Progression für den Fall der Vollinvalidität auf DM 225.000,- wächst.

Auch **Kinder** sollten eine Unfall-Invaliditäts-Versicherung haben. Denn sie sind leider die am stärksten unfallgefährdete Gruppe. Die Absicherung kostet höchstens DM 5,- monatlich — für dieselbe Leistung wie im Beispiel oben. Manche Gesellschaften bieten den Versicherungsschutz für Kinder bis zu einem bestimmten Alter beitragsfrei an, wenn die Mutter mit einer relativ hohen Mindestsumme versichert ist. Zu überprüfen ist hier, ob nicht der Beitrag, den die Mutter bezahlen muß, höher ist als der, den sie bei einer anderen Gesellschaft für beide zusammen bezahlt. Es gibt Gesellschaften, die auf ihre ohnehin günstigen Tarife schon der Kleinstfamilie »Mutter & Kind« Rabatte gewähren.

Wenn Ihre Kinder mit einem »Jugendschutzbrief« nach Hause kommen, sollten Sie schnell handeln. Über eine berühmt-berüchtigte Vertriebsorganisation versucht eine bekannte deutsche Versicherungsgesellschaft mit diesem »Jugendschutzbrief« Jugendliche langfristig an sich zu binden. Nicht selten finden wir hier die Koppelung einer Unfallversicherung (unkündbare Laufzeit von 10 Jahren) mit einer Kapitallebensversicherung über eine Laufzeit von schwindelerregender Dauer. Zudem zeichnet sich diese Gesellschaft weder durch unschlagbar günstige Unfallprämien noch durch eine gute (weil renditestarke) Lebensversicherung aus. Von der Frage nach dem »Bedarf« der Jugendlichen ganz zu schweigen!

Es gibt auch Policen mit »Beitragsrückgewähr«. Diese Versicherungen kosten allerdings erheblich mehr an Beitrag. Verschiedene unabhängige Organisationen haben errechnet, daß dieses »Mehr« an Beitrag so schlecht verzinst wird, daß Sie sich erheblich besser stehen, wenn Sie dieses Geld selber gut anlegen. Also auch hier: Hands off!

Auch die Beiträge zur Unfall-Invaliditäts-Versicherung sind im Rahmen der »Vorsorgeaufwendungen« steuerlich absetzbar!

2.6 Risikolebensversicherung

Für wen ist diese Versicherung sinnvoll?

Die Risikolebensversicherung dient der finanziellen Absicherung der Hinterbliebenen — in der Regel der Kinder. Der plötzliche Tod einer Ernährerin kann eine Familie in große finanzielle Bedrängnis bringen. Vor allem wenn die Zurückbleibenden ein noch nicht abgezahltes Haus oder eine Wohnung bewohnen, kann der Wegfall eines Gehaltes dazu führen, daß die Immobilie verkauft werden muß.

Von dem Tag an, an dem der erste Beitrag für die Versicherung bezahlt ist, verpflichtet sich die Versicherungsgesellschaft, denjenigen, die Sie als »bezugsberechtigt« benannt haben, im Falle Ihres Todes die vertraglich vereinbarte Summe auszuzahlen. Erleben Sie das vereinbarte Ende der Versicherung, bekommen Sie nichts. Die Risikolebensversicherung kostet deshalb auch erheblich weniger als eine Kapitallebensversicherung, die im wesentlichen ein Sparvertrag ist.

Der Beitragsvergleich gestaltet sich schwierig, weil völlig unterschiedliche »Überschußsysteme« von den Versicherungen angeboten werden. Die einen schlagen die erwirtschafteten Überschüsse (also den Gewinn) im Leistungsfall als zusätzliche Todesfallsumme obendrauf, die anderen reduzieren in Erwartung der Überschüsse gleich den zu zahlenden Beitrag.

Für bestimmte »Vorerkrankungen« verlangen die Versicherer einen **»Risikozuschlag«.** Manche Anträge werden sogar abgelehnt, wenn die Gesellschaft das Risiko für zu groß hält. Kein Versicherer ist bereit, einer Frau, die bereits an Krebs, Aids oder ähnlich schweren Krankheiten leidet, Versicherungsschutz für den Todesfall zu gewähren. Aber selbst eine aktenkundige Psychotherapie oder wiederholte »Erschöpfungszustände« können zur Ablehnung durch die Gesellschaft führen. Denn die Versicherungsmedizinerinnen wittern gleich Suizidgefahr, und es ist ein weitverbreiteter Irrtum, daß Lebensversicherer bei Selbstmord nicht zahlen müssen. Sie verlangen lediglich eine Wartezeit von 3 Jahren! Bei Allergien mit asthmatischen Begleiterscheinungen wird auf jeden Fall ein Risikozuschlag verlangt.

Anträge von **Schwangeren** werden etwa ab dem 6. Monat »zurückgestellt«; die Versicherer sehen auch hier ein erhöhtes Risiko. Werdende Mütter, die unbedingt schon vor der Geburt eine Todesfallabsicherung für ihr Kind haben möchten, sollten also spätestens Anfang des 5. Monats einen Antrag stellen. Wenn Sie im medizinischen Sinne als »Risiko-Schwangere« gelten, etwa wegen vorausgegangener Fehlgeburt, müssen Sie damit rechnen, auch schon vor dem 6. Monat auf die Zeit nach der Entbindung vertröstet zu werden.

Bei Nichtgefallen Geld zurück?

Das sogenannte »Umtauschrecht«, das Ihnen innerhalb von 10 Jahren erlaubt, ohne erneute Gesundheitsprüfung Ihren Vertrag in eine Kapitallebensversicherung umzuwandeln, klingt irreführend. Es bedeutet nicht, daß beim Umtausch die bereits bezahlten Gelder in die Kapitallebensversicherung fließen! Sie sind und bleiben weg. Das »Umtauschrecht« besagt lediglich, daß die Gesellschaft verpflichtet ist, Ihnen auf Wunsch eine Kapitallebensversicherung in gleicher Versicherungshöhe wie vorher in der Risikolebensversicherung anzubieten, egal wie krank Sie zu dem Zeitpunkt schon sind. Das Geld bleibt also »weg«.

Bei der Risikolebensversicherung bezahlt eine 30jährige Frau für eine Versicherungsumme von DM 100.000,- etwa DM 20,- bis DM 30,- monatlich, je nach Laufzeit des Vertrages. Je länger die Laufzeit des Vertrages, desto höher ist der Beitrag, den sie bezahlen muß.

Wer ist bezugsberechtigt?

Sie können bei der Antragstellung festlegen, wem im Falle Ihres Todes das Geld aus Ihrer Lebensversicherung zukommen soll. Dieses Bezugsrecht können Sie jederzeit ändern — vorausgesetzt, daß Sie es nicht als »unwiderruflich« eintragen lassen!

Insbesondere alleinerziehende Mütter sollten sich sehr genau überlegen, wen sie als »bezugsberechtigt« im Todesfall einsetzen. Die Summe, die dem minderjährigen Kind »aktenkundig« zufließt, wird voll auf eventuell anfallende Pflegegelder seitens der Behörde angerechnet!

Auch die Beiträge für diese Versicherung sind im Rahmen der »Vorsorgeaufwendungen« absetzbar!

3. Versicherungen zur Lebensstandarderhaltung

3.1 Hausratsversicherung

Welche Risiken werden übernommen?

Die Hausratsversicherung sichert Ihren Besitz gegen die Schäden, die durch Feuer, Einbruchdiebstahl, Sturm und Leitungswasser entstehen.

In die Hausratsbedingungen von 1984 wurde auch das Risiko **Vandalismus** mit eingeschlossen. Dafür fiel die Versicherung für Fahrräder kurzerhand raus. Es gibt noch ganz wenige Gesellschaften, die nach den sogenannten '74er-Bedingungen versichern; in der Regel haben sich diese Gesellschaften die Erlaubnis vom Bundesaufsichtsamt geholt, auch das Risiko Vandalismus mit aufzunehmen.

Wenn Sie noch nach den '74er-Bedingungen versichert sind, ist Ihr **Fahrrad** automatisch bis zu DM 500,- versichert, andernfalls können Sie entweder eine separate Fahrradversicherung abschließen oder aber das Fahrrad über die Hausratsversicherung zu einem höheren Prämiensatz mitversichern. Dabei liegt dann die Entschädigungsgrenze für alle zum Hausrat gehörenden Räder zwischen 1 Prozent und 4 Prozent der Hausratssumme.

Ein Beispiel: Sie wollen eine Hausratsversicherung über DM 50.000,- abschließen. Ihr Fahrrad hat DM 1.000,- gekostet. Dann ist der Wert genau 2 Prozent der Hausratssumme. Liegt der Prämiensatz für die Versicherung ohne das Fahrrad bei etwa DM 2,50 pro DM 1.000,-, so erhöht er sich durch das Fahrrad auf etwa DM 3,20. Der Einschluß der Fahrradversicherung würde in diesem Beispiel also DM 35,- kosten (50 x DM 0,70).

Schmuck und andere Wertgegenstände sind grundsätzlich bis zu 20 Prozent der Versicherungssumme mitversichert. Dabei gilt eine maximale Entschädigungsgrenze von DM 40.000,-, solange der Schmuck nicht in besonders gesicherten Behältnissen aufbewahrt wird.

Wenn Ihnen **unterwegs** etwas gestohlen wird, muß die Hausratsversicherung nicht bezahlen. Derartige Diebstähle können Sie nur über eine Reisegepäckversicherung regulieren lassen. Etwas anderes ist es, wenn die Sachen aus dem aufgebrochenen Auto entwendet werden. Denn dann handelt es sich um Einbruchdiebstahl, der versichert ist, wenn die Tatzeit nicht zwischen 22.00 und 6.00 Uhr lag.

Wie hoch sollte die Versicherungssumme sein?

Versicherungsgesellschaften und Vertreterinnen versuchen gerne, Ihnen weiszumachen, daß die Versicherungssumme pro Quadratmeter Wohnfläche DM 1.000,- (oder noch mehr) betragen müsse. Muß sie nicht! Die Gesellschaften haben sich lediglich untereinander dahingehend geeinigt, daß sie bei dieser Formel (DM 1000,- pro Quadratmeter) nicht von **Unterversicherung** sprechen können. Sie bewohnen also eine Wohnung von 50 qm und haben eine Hausratsversicherung über DM 25.000,- abgeschlossen. Jetzt wird bei Ihnen eingebrochen, es werden Werte in Höhe von DM 5.000,- entwendet. Kann Ihnen die Gesellschaft nun nachweisen, daß Sie mindestens DM 50.000,- an Werten in Ihrer Wohnung hatten, dann waren Sie zu 50 Prozent »unterversichert« und bekommen entsprechend nur die Hälfte des Schadens, also DM 2.500,- ersetzt. Hatten Sie eine Hausratsversicherung über DM 50.000,- abgeschlossen, sich also an die »Formel« gehalten, bekommen Sie Ihren Schaden selbst dann zu 100 Prozent ersetzt, wenn Sie nachweislich DM 100.000 an Werten hatten.

Überprüfen Sie daher möglichst genau, wieviel Ihr Hausrat Wert ist, und versichern Sie diese Summe vielleicht mit einer kleinen »Pufferzone« von 10 Prozent.

Die sogenannte **Anpassungsklausel,** mit der Ihre Versicherung die jährliche Versicherungssumme automatisch anhebt, müssen Sie sich nicht gefallen lassen.

Die **Kosten** für eine Versicherungssumme von DM 100.000,- liegen zwischen DM 120,- und DM 320,- in der teuersten »Gefahrenzone«, also in den Großstädten. In ländlichen Gebieten sind die Prämien niedriger, denn dort wird — laut Statistik — weniger gestohlen. Bestimmte Berufsgruppen genießen Sonderprämien. Allen voran die Beamtinnen und die Angehörigen der Kirchen.

Worauf müssen Sie achten?

Während eines **Wohnungswechsels** besteht für zwei Monate Versicherungsschutz in beiden Wohnungen. Nach Ablauf dieser Frist gilt der Versicherungsschutz nur noch für die neue Wohnung.

Eine Hausratsversicherung bezieht sich zwar immer auf die im Antrag angegebene Wohnung, trotzdem bleibt sie bei der Versicherungsnehmerin! Wenn also die Policeninhaberin auszieht, hat die in der Wohnung zurückbleibende Person keinen Versicherungsschutz mehr! Die Policeninhaberin muß der Gesellschaft lediglich ihren neuen Wohnsitz mitteilen, und sofort gilt der Versicherungsschutz für die neue Wohnung.

Kinder, auch wenn sie sich noch in der Ausbildung befinden, müssen eine eigene Versicherung abschließen, wenn sie nicht mehr zu Hause wohnen und versichert sein wollen. Für »junge Leute« gibt es zum Teil sehr günstige Policen. Diese sind aber oft gekoppelt an weitere Policen wie Unfall- und Lebensversicherung, was mit allergrößter Vorsicht zu genießen ist.

Wohngemeinschaften werden von den meisten Gesellschaf-

ten nicht versichert. Aber nichts ist unmöglich. Die Vertragsgestaltung erfordert lediglich große Sorgfalt.
Voraussetzung dafür, daß die Versicherung für einen **Fahrraddiebstahl** bezahlt, ist, daß sich das Fahrrad in einem verschlossen Raum (z.B. im Keller) befand oder draußen angeschlossen war. Wenn das Fahrrad draußen gestohlen wurde, zahlt die Versicherung nur dann, wenn sich der Diebstahl zwischen 6.00 Uhr morgens und 22.00 Uhr abends ereignete! Aber auch dann, wenn sich das Fahrrad nach 22.00 Uhr noch in Gebrauch befand, z.B. vor einer Kneipe angeschlossen war, in der Sie sich zur selben Zeit aufhielten.

Im Antrag auf Hausratsversicherung werden Sie nach Vorversicherungen und **Vorschäden** gefragt. Geben Sie diese, falls Sie welche hatten, unbedingt korrekt an. Das gehört zu den »Obligenheiten« der Antragstellerin.

3.2 Rechtsschutzversicherung

Wer und was ist versichert?

Eine komplette Rechtsschutzversicherung umfaßt Rechtsschutz für Schadensersatzansprüche, Verteidigung gegen den Vorwurf einer Straftat, Führerscheinentzug, Fahrzeug-Verträge, Verkehrsunfälle, Interessen dem Sozialgericht gegenüber, Arbeitsrecht, Beratung in familien- oder erbrechtlichen Angelegenheiten, Steuerauseinandersetzungen, Mietrecht und die Wahrnehmung rechtlicher Interessen aus Verträgen — auch aus Versicherungsverträgen mit anderen Versicherern.

Der letztgenannte Punkt widerlegt einmal mehr die Behauptung von Versicherern, es wäre vorteilhaft, alle Versicherungsverträge bei *einem* Unternehmen abzuschließen.

Im **Familienrechtsschutz** ist die ganze Familie versichert, egal ob Sie verheiratet sind oder nicht. Die Rechtsschutzversicherer sehen sich jedoch leider immer noch nicht in der Lage, zwei zusammenlebende Frauen in einem Vertrag zu versichern.

Kinder sind, soweit sie kein eigenes Einkommen haben, bis zum 25. Lebensjahr bei den Eltern mitversichert.

Wenn Ihr Partner der Versicherungsnehmer ist und Sie nur mitversicherte Person sind, kann er Sie aus diesem Versicherungsschutz ausschließen. Das könnte er zum Beispiel deshalb tun, weil er selbst die von der Versicherung zu leistende Beratung hinsichtlich der Konsequenzen einer Trennung in Anspruch nehmen will. Und eine solche anwaltliche Beratung bezahlt die Gesellschaft nur einmal, und auch nur dann, wenn die eigentliche Scheidung noch nicht Gegenstand des Beratungsgespräches war. Wenn also die Anwältin innerhalb von 12 Monaten nach dem Gespräch die Scheidung einreicht, kann die

Rechtsschutzversicherung nachträglich ihre Leistungen zurückfordern. Also: Die Trennung muß vollzogen sein, die Scheidung aber noch nicht (aktenkundig) avisiert!

Das **Scheidungsverfahren** selbst ist über die Rechtsschutzversicherung nicht versichert, d.h., Sie können sich damit nicht vor den Kosten einer Scheidung schützen.

Mietrecht-Streitigkeiten sind über eine Zusatzpolice versicherbar. Frauen, denen es ausschließlich auf diesen Aspekt ankommt, sollten sich an die Mieterverbände wenden. Diese bieten ihren Mitgliedern eine separate Mietrechtsschutzversicherung an, die günstiger ist als das ganze Paket, das über die »normalen« Rechtsschutzversicherungen gekauft werden muß. Familien- und Verkehrsrechtsschutz incl. Mietrechtsschutz kosten etwa DM 300,- im Jahr.

Brauchen wir diese Versicherung?

Würden Sie eine Versicherung abschließen, die Ihnen nur dann eine **Deckungszusage** gibt, wenn sie sich ausrechnen kann, daß sie für den Schaden gar nicht aufkommen muß?

Diese Frage ist natürlich polemisch, sie trifft aber den Kern des Problems dieser Versicherungsform. Eine Rechtsschutzversicherung muß sich nämlich nur dann bereiterklären, die Kosten für ein Verfahren zu übernehmen, wenn »begründete Aussicht auf Erfolg« besteht.

Wenn eine Anwältin allerdings der negativen Einschätzung eines Rechtsschutzversicherers widerspricht, kann er gezwungen werden, die Kosten zu tragen.

Mit Ausnahme von Arbeitsrechtsstreitigkeiten, bei denen jede Partei in erster Instanz ihre Kosten selbst trägt, fallen bei einem gewonnenen Prozeß aber gar keine Kosten an. Eine gute Anwältin, die uns von einem aussichtslosen Prozeß abrät, kann also sehr viel mehr Wert sein als eine Rechtsschutzversicherung.

Wenn Sie eine Rechtsschutzversicherung haben, setzen Sie sich unbedingt mit dieser in Verbindung, bevor Sie gerichtliche Schritte unternehmen; sonst kann es Ihnen passieren, daß Sie auf den Kosten sitzenbleiben.

Natürlich gibt es Auseinandersetzungen, deren Ausgang völlig offen ist. In einer solchen Situation Deckungszusage von einer Versicherung zu bekommen, erleichtert die Entscheidung für eine Klage. Und wenn Sie selbst die Angeklagte sind, muß die Rechtsschutzversicherung die Kosten Ihrer Verteidigung übernehmen.

Zu beachten ist, daß der Abschluß einer Rechtsschutzversicherung unsinnig ist, wenn der Konflikt schon aktenkundig ist. Die Ursache für einen Rechtsstreit darf frühestens 3 Monate nach Abschluß des Versicherungsvertrages eingetreten sein!

Da die Kosten für das Gericht und die Anwältin in den seltensten Fällen existenzbedrohend werden, zähle ich die Rechtsschutzversicherung nicht zu den unbedingt notwendigen Versicherungen. Frauen, die die wichtigeren Versicherungen wie Kranken-, Haftpflicht- und Berufsunfähigkeitsversicherung abgeschlossen und darüber hinaus ihre Altersversorgung abgesichert haben, können sich diesen »Luxus« erlauben, wenn es die finanziellen Möglichkeiten zulassen.

Diejenigen, die so wenig Einkommen haben, daß sie die Kosten für ein Verfahren nicht selbst bestreiten können, haben Anspruch auf staatliche Prozeßkostenhilfe.

3.3 Sonstige Versicherungen

Es gibt natürlich noch zahlreiche andere Versicherungen. Angefangen bei der völlig unsinnigen »Insassen-Unfall-Versicherung«, über die meist weniger wichtige »Glasbruchversicherung«, über Reisegepäck-, Musikinstrumente- und Bootsversicherungen, bis hin zu Berufs- und Betriebshaftpflicht sowie natürlich Gebäudeversicherung und Transportversicherungen.

Die **Insassen-Unfall-Versicherung** muß in den allerseltensten Fällen zahlen. Entweder zahlt die Kfz-Haftpflicht oder die Privathaftpflicht der Schuldigen, wenn Sie die Geschädigte sind, oder Ihre private Unfallversicherung tritt ein. Die versichert Sie für alle Unfälle, rund um die Welt — zu viel günstigeren Bedingungen. Die Notwendigkeit einer eigenen (Insassen-) Unfall-Versicherung ist bei Verkehrsunfällen überhaupt nur bei angenommener Fahrerflucht denkbar.

Eine zerbrochene Glasscheibe ist für die wenigsten Frauen eine finanzielle Katastrophe; die Prämien einer **Glasbruchversicherung** stehen in keinem Verhältnis zum Risiko.

Abgesehen von diesen beiden Versicherungen können die anderen Versicherungen für einzelne Frauen wichtig sein. Eine selbständige Architektin oder Heilpraktikerin braucht z.B. eine **Berufshaftpflicht.** Eine Musikerin, die mit Hilfe eines teuren Instrumentes ihren Unterhalt verdient, ist mit einer **Musikinstrumentenversicherung** nicht schlecht beraten. Hausbesitzerinnen benötigen eine **Gebäudeversicherung.**

Alle diese und weitere Versicherungsarten mit ihren Vor- und Nachteilen diskutieren zu wollen, würde aber den Rahmen dieses Ratgebers sprengen. Deshalb habe ich versucht, mich auf die Bereiche zu konzentrieren, die für alle Frauen relevant sind.

4. Altersversorgung und Kapitalanlagen

4.1 Gesetzliche Rentenversicherung

Wer muß Beiträge zahlen?

Grundsätzlich sind alle **Arbeitnehmerinnen** und ihre Arbeitgeberinnen verpflichtet, Beiträge an die gesetzliche Rentenversicherung zu entrichten — Angestellte an die Bundesversicherungsanstalt für Angestellte (BfA) und Arbeiterinnen an die Landesversicherungsanstalt (LVA). Keine Versicherungspflicht besteht, wenn das monatliche Entgelt DM 500,- (alte Bundesländer) bzw. DM 300,- (neue Bundesländer) nicht übersteigt. Liegt das Entgelt über diesen Grenzen, nicht aber über DM 610,- bzw. DM 370,- monatlich, so hat die Arbeitgeberin die Beiträge allein zu tragen. In allen anderen Fällen teilen sich Arbeitnehmerin und Arbeitgeberin die Kosten von 17,7 Prozent des Bruttolohns, maximal jedoch bis zur Höhe von insgesamt DM 1.203,60 bzw. DM 849,60. Handwerkerinnen zahlen einen Regelbetrag von DM 619,50 bzw. DM 371,70 (Stand 1992).

In den neuen Bundesländern wird, abgesehen von den niedrigeren Beitragsbemessungsgrenzen, nach demselben Recht wie in den alten Bundesländern verfahren. Das »Rentenüberleitungsgesetz« verfolgt bis 1996 das Prinzip, den Rentnerinnen immer dann das Rentenrecht der ehemaligen DDR einzuräumen, wenn sie dadurch besser gestellt werden.

Selbständige und Freiberuflerinnen — mit Ausnahme von Landwirtinnen, Handwerkerinnen, Privatlehrerinnen, Hebammen, Publizistinnen und Künstlerinnen — sind nicht verpflichtet, Beiträge an staatliche Versicherungsträger abzuführen. Dabei fällt auf, daß einige Berufsgruppen einen staatlichen Zuschuß zur Altersvorsorge bekommen (z.B. über die Künstlerinnensozialkasse) und andere nicht. So müssen freiberufliche Hebammen und Handwerkerinnen ihren Pflichtbeitrag zur Rentenversicherung allein bestreiten. Andere Freiberuflerinnen und Selbständige sind zwar auch in Sachen Altersvorsorge auf sich allein gestellt, aber sie haben wenigstens die Entscheidungsfreiheit, wie und wo sie ihr Rentenalter absichern!

Auch **Studentinnen** sind versicherungsfrei.

Selbständige Künstlerinnen und Publizistinnen können bzw. müssen sich unter bestimmten Bedingungen in der Künstlerinnensozialkasse (KSK) versichern lassen. Die KSK erklärt Sie gegebenenfalls für versicherungspflichtig und übernimmt dann die Hälfte des Krankenkassenbeitrages sowie die Hälfte der Beiträge zur gesetzlichen Rentenversicherung. Mit der finanziellen Erleichterung, nur die Hälfte der Beiträge selbst aufbringen zu müssen, ist automatisch die Freiheit, die Altersvorsorge privat — und damit effektiver — aufbauen zu können, verspielt. »Versicherungspflichtig« heißt auch, abhängig vom Einkommen, zahlungspflichtig. (Die KSK ist offensichtlich personell dermaßen unterbesetzt, daß es in der Regel Monate dauert, bis der Antrag überhaupt bearbeitet wird. Darüber hinaus ist es in der Praxis so, daß die Künstlerinnen sich selbst dort melden müssen. Mir persönlich ist kein Fall bekannt, wo die KSK eine Künstlerin von sich aus »erfaßt« hätte.)

Für Beamtinnen, Architektinnen, Rechtsanwältinnen, Apothekerinnen und Ärztinnen sind die jeweiligen Versorgungswerke zuständig. Unter bestimmten Voraussetzungen können sich Frauen, die einer dieser Berufsgruppen angehören, von der Versicherungspflicht befreien lassen. In der Regel sind die Leistungen dieser Einrichtungen so viel besser als die der staatlichen Rentenversicherung, daß kaum Grund bestehen kann, einen Teil der Altersvorsorge hier nicht aufzubauen. Das gilt insbesondere für die Ansprüche bei Berufsunfähigkeit.

Was sind rentenrelevante Zeiten?

Begriffswirrwarr

Schon vor der Rentenreform 1992 war es nicht leicht, die einzelnen Bestimmungen des Rentenrechts zu verstehen. Seit Beginn des Jahres aber sind wir nicht nur mit völlig neuen Berechnungsmethoden, sondern zusätzlich mit diversen neu kreierten Begriffen konfrontiert.

Ich möchte versuchen, die wichtigsten Begriffe verständlich zu machen.

Beitragszeiten

Hier handelt es sich um Zeiten, in denen Sie entweder tatsächlich Beiträge gezahlt haben, oder aber behandelt werden, als hätten Sie Beiträge bezahlt.

Kindererziehungszeiten zählen als Beitragszeiten. Mütter, die sich nach der Geburt ausschließlich ihrem Kind, nicht aber einer beruflichen Tätigkeit widmen, bekommen jetzt drei Jahre Erziehungszeit für die Rente angerechnet. Vorher war es nur ein Jahr.

Mütter, die vor Ablauf des dreijährigen Erziehungsurlaubs wieder arbeiten müssen oder wollen, verlieren allerdings durch echte Pflichtbeiträge ganz oder teilweise ihren Anspruch auf Erziehungszeit. Verdient eine Mutter monatlich DM 2.868,- brutto oder mehr, bringt ihr die Betreuung ihres Kleinkindes keine Mark extra an Rente! Ausgenommen von dieser Regelung sind lediglich selbständige Frauen, die keine Pflichtbeiträge zur Rentenversicherung bezahlen müssen. Für sie bleibt der Anspruch erhalten, egal wieviel sie verdienen. Einen deutlichen Vorteil haben also seit 1992 die Mütter, die keine zusätzliche Berufstätigkeit ausüben oder zumindest keine Beiträge an die staatliche Rentenversicherung entrichten.

Einen Anspruch auf die Anrechnung von Erziehungszeiten haben alle Frauen, z.B. auch Studentinnen, die noch nie einen Beitrag an die BfA bezahlt haben. Seit 1992 begründen demnach die Erziehungszeiten von zwei Kindern schon einen Anspruch auf Altersrente und sorgen darüber hinaus dafür, daß Ausbildungszeiten, Arbeitslosigkeit etc. anerkannt werden können. (Die Idee »vom Bafög in die Rente« erhält erstmalig eine reelle Chance.) Somit erhöhen Kinder, die nach dem 1.1.92 geboren wurden, die monatliche Rente ihrer Mutter um ca. DM 90,-. Diese Verbesserung darf aber nicht darüber hinwegtäuschen, daß nach wie vor diejenigen, die den größten Beitrag zur Sicherstellung des »Generationsvertrages« leisten, nämlich die Mütter, immer noch am wenigsten davon haben.

Das Karlsruher Urteil vom 7.7.92, das dem Gesetzgeber die schrittweise Besserstellung der Mütter in der gesetzlichen Rentenversicherung abverlangt, ist zwar begrüßenswert, die gleichzeitig eingeräumte »ausreichende Anpassungszeit« deutet aber darauf hin, daß bis zu einer Neuregelung noch viele Jahre ins Land gehen werden.

Unterschieden werden **Pflichtbeiträge** und **freiwillige Beiträge.** Pflichtbeiträge sind wertvoller, da sie zusätzlich Ansprüche bei Berufs- oder Erwerbsunfähigkeit sichern.

Ausfallzeiten – Anrechnungszeiten

Die beiden Begriffe sind absolut identisch. **Anrechnungszeit** ist der mit der Reform neu eingeführte Begriff für Ausfallzeit. Gemeint sind Zeiten, in denen wegen Ausbildung, Krankheit oder Arbeitslosigkeit Pflichtbeiträge nicht bezahlt werden können, die aber dennoch rentenerhöhend wirken.

Ausbildungszeiten finden für maximal 7 Jahre (statt bisher 13 Jahre) Anerkennung für die Rentenberechnung. Dabei werden die einzelnen Jahre auch noch schlechter bewertet als vorher. (Ist das etwa die Antwort auf die Akademikerinnen-Schwemme?)

Die **Zeiten der Arbeitslosigkeit** gehen nicht mehr mit 100, sondern nur noch mit 80 Prozent des dem Arbeitslosengeld zugrundeliegenden Arbeitsentgeltes in die Berechnung der Rente ein. (Der Arbeitslosigkeit muß schließlich begegnet werden!)

Wartezeiten

»Wartezeit« definiert die Anzahl der Versicherungsjahre, die eine Frau zurückgelegt haben muß, um grundsätzlich anspruchsberechtigt zu sein. Mit welchen rentenrelevanten Zeiten diese Wartezeit belegt sein darf (ob nur mit Beitragszeiten oder auch mit Anrechnungs- und Berücksichtigungszeiten) hängt von der Art der Rente ab.

Berücksichtigungszeiten

Hier handelt es sich um Zeiten, die verhindern, daß schädliche Lücken im Rentenverlauf entstehen. Vorhandene Ansprüche auf Erwerbs- und Berufsunfähigkeitsversicherung bleiben bestehen, ohne daß Pflichtbeiträge bezahlt werden müssen. Sie helfen darüber hinaus, Wartezeiten zum Bezug einer Rente mit 63 Jahren zu begründen.

Ältere **Hausfrauen** und **Mütter** profitieren seit der Reform eventuell von der **10jährigen Berücksichtigungszeit für Kindererziehung.** Mütter, die nach altem Recht keine Chance hatten, mit 63 Jahren ihre Rente zu beantragen, könnten durch die Neuregelung ihre 35 Versicherungsjahre vorweisen und dadurch 2 Jahre früher in Rente gehen.

Honoriert wird ab sofort auch die unbezahlte Pflege hilfsbedürftiger Angehöriger. Melden Sie eine solche **Pflegeleistung** in jedem Fall Ihrem Versicherungsträger. Denn die Zeiten der Pflege werden immerhin als »Berücksichtigungszeiten« anerkannt und verbessern somit die »Wartezeit« für die vorgezogene Altersrente. Wenn Sie freiwillige Beiträge zahlen, werden diese — auf Antrag bei Ihrem Versicherungsträger (LVA oder BfA) — wie Pflichtbeiträge behandelt. Für die bis 1940 geborenen Frauen könnte sich daraus sogar ein Rentenbezugsrecht mit 60 Jahren begründen.

Ab wann bestehen Ansprüche?

»Normale« Altersrente

Die absolute **Mindestvoraussetzung** für Ansprüche aus der staatlichen Rentenversicherung ist, daß Sie 5 Jahre mit Beitragszeiten belegt haben. Dann bleibt auf jeden Fall der Anspruch auf Altersrente mit 65 Jahren bestehen, auch wenn vor Rentenbeginn jahrelang keine Beiträge entrichtet wurden.

Die immer noch weitverbreitete Auffassung, wonach mindestens 15 Jahre mit Beiträgen belegt sein müssen, resultiert aus der — inzwischen veralteten — Regelung für die Frauenrente mit 60 Jahren. Alle bis 1940 geborenen Frauen können noch mit 60 Jahren in Rente gehen, wenn sie die Wartezeit von 15 Jahren erfüllt haben und nach ihrem 40. Geburtstag 121 Pflichtbeiträge entrichtet haben. Für alle nach 1940 geborenen Frauen wird die Mindestarbeitszeit stufenweise hochgesetzt. Das bedeutet für alle Jahrgänge ab 1953 eine Regelarbeitszeit bis zum 65. Geburtstag.

Hinsichtlich der **Lebensarbeitszeit** sind Frauen den Männern also »gleichgestellt« worden. Wollen wir keine Abstriche von der Rente in Kauf nehmen, müssen wir bis zum 65. Lebensjahr arbeiten. Wir können jedoch auch mit 62 Jahren Rente beantragen. Dieser vorgezogene Ruhestand kostet uns künftig allerdings einen Abschlag von der Rente in Höhe von 10,8 Prozent. Betroffen sind alle Frauen ab Jahrgang 1941. Einzig schwerbehinderte Frauen dürfen noch — ohne Abzüge — mit 60 Jahren in Rente gehen.

Können oder wollen wir uns diesen Abschlag nicht leisten, besteht die Möglichkeit, eine **Teilrente** zu beziehen und eingeschränkt weiterzuarbeiten. Frühestens mit 62 Jahren kann anstelle der Vollrente eine Teilrente bezogen werden, die abhängig vom Dazuverdienst 1/3, 1/2 oder 2/3 betragen kann. Die Nebeneinkünfte dürfen bestimmte Grenzen aber nicht übersteigen. Die Voraussetzung dafür, daß wir mit 62 Jahren die Rente beantragen können, entspricht der, die heute noch für die

Rente mit 60 Jahren gilt: Wartezeit von 15 Jahren und 121 Pflichtbeiträge nach dem 40. Geburtstag.

Versicherte, die über das 65. Lebensjahr hinaus arbeiten möchten (oder müssen), bekommen für jeden hinausgeschobenen Monat 0,5 Prozent (bisher 0,6 Prozent) mehr Rente.

Erwerbs- und Berufsunfähigkeitsrente

Erwerbsunfähig ist eine Frau dann, wenn ihr Gesundheitszustand so schlecht ist, daß sie keine oder nur eine geringfügige Beschäftigung aufnehmen kann.

Berufsunfähigkeit liegt vor, wenn sie ihren Beruf nur noch zur Hälfte oder weniger ausüben kann.

Für die Erwerbs- und Berufsunfähigkeitsrente gelten die folgenden zeitlichen Voraussetzungen: Die Wartezeit von 60 Monaten muß erfüllt sein, darüber hinaus müssen in den letzten 5 Jahren vor Eintritt der Berufs- oder Erwerbsunfähigkeit mindestens 36 Monate Pflichtbeitragszeiten vorliegen.

Arbeitnehmerinnen haben im Falle der Berufsunfähigkeit, vorausgesetzt die Wartezeiten sind erfüllt, Anspruch auf eine Rente in Höhe von maximal 30 Prozent ihres zuletzt bezogenen Nettoeinkommens. Bei Erwerbsunfähigkeit steigt der Anspruch auf 45 Prozent des letzten Nettolohnes.

Die durchschnittlichen Bezüge bei Berufsunfähigkeit lagen 1990 für Arbeiterinnen bei DM 427,53 und für angestellte Frauen bei DM 629,46. Erwerbsunfähige Frauen bekamen durchschnittlich DM 419,23 bzw. DM 731,72.

Rente wegen Arbeitslosigkeit

Wer mindestens 60 Jahre alt ist, die Wartezeit von 15 Jahren erfüllt hat und darüber hinaus in den letzten 10 Jahren vor Rentenbeginn 8 Jahre Pflichtbeiträge bezahlt hat, kann wegen Arbeitslosigkeit in Rente gehen. Dazu müssen 52 Wochen Arbeitslosigkeit innerhalb der letzten eineinhalb Jahre nachgewiesen werden.

Hinterbliebenenrente

Die **große Witwenrente** gibt es unter folgenden Voraussetzungen:

— die Witwe erzieht ein eigenes Kind oder ein Kind des verstorbenen Ehegatten, welches das 18. Lebensjahr noch nicht vollendet hat, und
— sie selbst hat das 45. Lebensjahr vollendet oder ist selbst berufs- oder erwerbsunfähig.

Ist eine dieser Voraussetzungen nicht erfüllt, dann besteht lediglich Anspruch auf die **kleine Witwenrente.**

Witwen, die Anspruch auf die »große Witwenrente« haben, bekommen 60 Prozent der Rente, die der verstorbene Mann zuletzt bezogen bzw. auf die Anwartschaft bestanden hat. Die »kleine Witwenrente« beträgt nur 25 Prozent der maßgeblichen Rente.

Eine immer noch weitgehend unbekannte Änderung des Rentenrechts trat am 1.1.1986 in Kraft. Seit diesem Tag haben Witwen Anspruch auf Hinterbliebenenrente, vorausgesetzt, der verstorbene Partner hatte mindestens 5 Jahre Beiträge zur Rentenversicherung bezahlt. Mit demselben Datum wurde aber auch die Regelung eingeführt, wonach eigenes Einkommen der Überlebenden (aus Erwerbstätigkeit oder aufgrund eigener Rentenansprüche) auf die Hinterbliebenenrente angerechnet wird. Deshalb bekommen viele Witwen nur drastisch gekürzte oder gar keine Hinterbliebenenrente mehr.

Der **Freibetrag für Witwen** liegt derzeit bei monatlich DM 1.125,43. Er erhöht sich um DM 238,73 für jedes Kind, das von der Witwe erzogen wird.

Auch eine **geschiedene Frau** hat Anspruch auf eine Witwenrente. Dafür genügt es, daß sie keine weitere Ehe eingegangen ist und im letzten Jahr vor dem Tod des ehemaligen Ehemannes Anspruch auf Unterhalt bestand.

Manchmal kann sogar die geschiedene Frau eine Rente aus den Anwartschaften ihres verstorbenen »Ex-Mannes« beanspruchen, wenn der Verstorbene gar nicht zum Unterhalt verpflichtet war. Das ist z.B. dann der Fall, wenn die betreffende Frau

— keine andere Witwenrente bezieht und mindestens 60 Jahre alt ist oder
— berufs- bzw. erwerbsunfähig ist und ein eigenes Kind (oder das des Verstorbenen) erzieht und zum Zeitpunkt der Scheidung ein Kind erzogen hat.

Witwen, die vor dem 1.1.86 geheiratet, vor Ablauf des Jahres 1988 ihren Mann verloren haben und vor 1936 geboren sind, haben Aussicht, doch noch nach altem Recht behandelt zu werden. Vor dem Bundessozialgericht sind mehrere Klagen von betroffenen Witwen anhängig, denn die Übergangsregelung, die bis Ende 1988 galt, war lückenhaft und die Versicherungsträger haben nicht gerade »lückenlos« informiert.

Auch für die Gewährung der **Waisenrente** muß ein Elternteil die Wartezeit von 60 Monaten erfüllt haben. Der Anspruch gilt bis zum 18. Lebensjahr; befindet sich das »Kind« in einer Ausbildung, kann die Waisenrente bis zum 27. Lebensjahr beansprucht werden.

Die Halbwaisenrente beträgt pro Kind 10 Prozent der Altersrente der Verstorbenen; die Vollwaisenrente liegt bei 20 Prozent.

Wann lohnen sich freiwillige Beiträge?

Der Mindestbeitrag zur gesetzlichen Rentenversicherung wurde 1992 gesenkt: Er beträgt jetzt monatlich DM 88,50 (bisher DM 103,-) für die alten Bundesländer und DM 53,10 für die neuen Bundesländer. Mit diesem geringen Beitrag können freiwillig Versicherte und Hausfrauen ihren Anspruch auf Erwerbs- und Berufsunfähigkeitsrente aufrechterhalten.

Aus meiner Sicht sind freiwillige Beiträge nur dann sinnvoll, wenn damit ein bestehender Anspruch auf Erwerbs- oder Berufsunfähigkeit aufrechterhalten werden kann und/oder wenn mit relativ kurzer Zahlungsdauer der Anspruch auf vorzeitige Rente geltend gemacht werden kann.

Mit freiwilligen Beiträgen zur gesetzlichen Rentenversicherung können sich nur noch diejenigen Ansprüche auf Berufsunfähigkeitsrente sichern, die vor 1984 bereits die Wartezeit von 60 Monaten erfüllt und die darüber hinaus seit 1984 jeden Monat (!) mit Beitrags- oder beitragsfreien Zeiten belegt hatten.

»Hochzeitsgeld«

Alle Frauen — auch Nichtberufstätige — die sich bis 1967 ihre Rentenbeiträge wegen Heirat auszahlen ließen, können diesen Schritt heute rückgängig machen. Und zwar zu äußerst günstigen Bedingungen. Dabei richtet sich die Höhe der zu zahlenden Monatsbeiträge nach den jeweiligen Bemessungsgrenzen der einzelnen Jahre, für die zurückgezahlt wird. Grundsätzlich dürfen nur Beiträge für solche Zeiten nachentrichtet werden, die nicht schon aus anderen Gründen (z.B. Kindererziehung, Arbeitslosigkeit) angerechnet werden. Unter Umständen begründet die Nachentrichtung einiger Beitragsjahre das Erreichen der 35jährigen Wartezeit für den Anspruch auf vorgezogenen Rentenbeginn. Ähnliches gilt übrigens auch für Beamtinnen, die sich vor 1977 — beim Ausscheiden aus dem Beamtenverhältnis — eine Abfindung haben zahlen lassen.

Wie lohnend diese Nachzahlungen sein können, möchte ich an zwei Beispielen verdeutlichen: Mit dem Einsatz von DM 1062,- (12 x Mindestbeitrag) begründet eine Frau, die 1993 in Rente gehen will, einen Anspruch auf monatlich DM 5,42. Für denselben Beitrag bekommt sie, wenn sie für 1957 nachentrichtet, monatlich DM 46,42 Rente. Eine nahezu unschlagbare Rendite also! Hintergrund dieser »großzügigen« Regelung ist die Tatsache, daß die betroffenen Frauen damals nur die Arbeitnehmerinnenbeiträge, nicht aber die Arbeitgeberinnenanteile ausgezahlt bekamen. Die Antragsfrist für die Nachzahlung endet am 31.12.1995.

Was hat die Rentenreform 1992 uns Frauen beschert?

»Für die Zukunft zeichnen sich viele Änderungen ab, die sich auf die Rentenversicherung auswirken: So steigt die Lebenserwartung ständig, werden Ausbildungszeiten immer länger, gehen viele Berufstätige früher in Rente, werden immer weniger Kinder geboren. Zwar sind nicht alle diese Entwicklungen bis ins letzte vorhersehbar, auch nicht exakt berechenbar, aber sie sind erkennbar und erfordern eine rechtzeitige Weichenstellung in der Rentenversicherung.« So der Bundesminister für Arbeit und Sozialordnung, Norbert Blüm, in der von seinem Ministerium verbreiteten Broschüre: »Die Rente '92«. In derselben Broschüre erfahren wir aber auch: »Es bleibt beim Bewährten!«

Lassen wir uns nicht verschaukeln: Was bleibt, ist der sogenannte **Generationsvertrag,** d.h., die Arbeitnehmerinnen von heute zahlen die Renten für die Rentnerinnen von heute — die Arbeitnehmerinnen von morgen, also unsere Kinder, die Renten für uns. Darüber hinaus ändert sich natürlich vieles, denn sonst hätte es keiner Reform bedurft.

Weniger Geburten bedeuten weniger Beitragszahlerinnen. Letztere müssen also kräftiger in die Tasche greifen und/oder Abstriche von ihrer eigenen Rente hinnehmen, wenn die Rechnung aufgehen soll. Bleibt die Entwicklung hinsichtlich der Geburtenzahlen konstant, dann muß im Jahre 2030 eine Beitragszahlerin alleine mehr als eine Rentnerin »ernähren«. Deshalb kommt »man« unserer Forderung nach mehr Unterstützung für Mütter immerhin mit Kinderschritten entgegen.

Auf der anderen Seite der Alterspyramide steigt die durchschnittliche Lebenserwartung stetig: Innerhalb der letzten 20 Jahre hat sich die Zahl der 90jährigen Rentnerinnen fast verfünffacht! Die von den Versicherten eingezahlten Rentenbeiträge müssen also viel länger ausreichen, denn der »Lebensabend« ist länger geworden.

Norbert Blüm möchte uns Frauen die Rentenreform von 1992 gerne als eine grandiose Verbesserung präsentieren. Tatsache ist aber, daß wir bislang mit 60 Jahren in Rente gehen konnten — als Ausgleich für die rententechnische Benachteiligung durch die Kindererziehung. Die verbesserte Rentenbewertung für **Kindererziehungszeiten,** die uns jetzt auf dem goldenen Tablett serviert wird, bezahlen wir mit einer Verlängerung der Lebensarbeitszeit von mindestens zwei, wenn nicht fünf Jahren. Unterm Strich bedeutet die Rentenreform für Frauen eine Verschlechterung; vor allem für die Akademikerinnen, deren Ausbildungszeiten erheblich schlechter bewertet werden als vorher. Einzig »hauptberufliche Mütter« können von den neuen Regelungen profitieren.

Wie groß die Kluft zwischen derzeitigem Einkommen und späterer Rente ist, wird deutlich, wenn wir uns anschauen, wie niedrig die Ansprüche einer Frau sind, die 40 Jahre lang Höchstbeiträge (Monatsverdienst DM 6.800,- brutto) an die BfA abgeführt hat. Nach heutigem Stand wären das etwa DM 2.800,- brutto, wenn sie mit 65 Jahren in Rente geht. Hat sie DM 3.000,- verdient, bekommt sie mit 65 Jahren ca. DM 1.485,-. Dies hat allerdings nur Gültigkeit, wenn sie einen 40 Jahre währenden, lückenlosen Versicherungsverlauf hatte. Aber welche Frau hat den schon?

Viele Frauen haben infolge von Erziehungszeiten oder **Mitbegründungszeiten** der »Gattenkarriere« erhebliche Lücken im Rentenverlauf. Dazu kommt, daß Frauenlöhne immer noch niedriger ausfallen als Männerlöhne für vergleichbare Tätigkeiten. Deshalb ist die Vorsorge für das Rentenalter für Frauen ungleich schwieriger als für Männer.

Die Durchschnittsrente für angestellte Männer lag 1990 bei DM 1.686,41; die der angestellten Frauen lag zur selben Zeit bei DM 653,17.

Der Slogan »Altersarmut gleich Frauenarmut« hat durchaus seine Berechtigung. Einen unangenehmen Beigeschmack hat er für mich deshalb, weil er in der Versicherungsbranche allzu gern benutzt wird, um Frauen die irrwitzigsten Kapitalanlagen für die Altersvorsorge zu verkaufen; oft genug mit Beiträgen, die am Rande der Schmerzgrenze liegen. Die Absicht, eine Lücke in der Altersvorsorge schließen zu wollen, ist eine Sache. Der Blick auf die Lebensumstände und Bedürfnisse heute, eine andere!

Die folgenden Kapitel behandeln Alternativen und Ergänzungsmöglichkeiten zur gesetzlichen Rentenversicherung.

4.2 Kapitallebensversicherung

Versicherung oder Kapitalanlage?

Die Kapitallebensversicherung (KLV) ist die gängigste Alternative oder Ergänzung zur gesetzlichen Rentenversicherung. Sie verbindet einen Sparvorgang mit einer Absicherung für die Hinterbliebenen im Fall des vorzeitigen Todes. Vom Gesamtbeitrag, der für einen solchen Vertrag zu zahlen ist, wird der überwiegende Anteil verzinslich für Sie angelegt. Ein kleinerer Teil deckt die Kosten für die Todesfall-Versicherung und die Verwaltung.

Der Beitrag für diese Versicherung ist abhängig vom Eintrittsalter, von der Laufzeit des Vertrages und vom Geschlecht. Je älter die zu versichernde Person, desto teurer. Völlig aus der Luft gegriffen ist allerdings die Behauptung vieler Versicherungsvertreterinnen: »Ab 30 wird es richtig teuer!« Diese Aussage dient allenfalls der Panikmache und soll Sie dazu bewegen, so schnell wie möglich zu unterschreiben.

Bei Kapitallebensversicherungen tauchen zwei unterschiedliche Zahlen auf: Die **garantierte Versicherungssumme** und die **voraussichtliche Ablaufleistung.** Die garantierte Summe ergibt sich aus Ihren Sparbeiträgen und der garantierten Verzinsung von 3,5 Prozent. Sowohl bei Vertragsablauf als auch bei vorzeitigem Tod wird mindestens diese »garantierte Versicherungssumme« fällig. Die »voraussichtliche Ablaufleistung« ist die Summe, die Sie wahrscheinlich am Ende der Vertragslaufzeit bekommen werden. Sie ergibt sich aus der garantierten Versicherungssumme und den von der Gesellschaft erwirtschafteten »Überschüssen«. Anders ausgedrückt: Die Versicherungsgesellschaften legen unser Geld zu sehr viel höheren Zinsen als 3,5

Prozent an. Je nachdem, wieviel Gewinn das Unternehmen erwirtschaftet, werden die Versicherten an diesen Gewinnen beteiligt.

Auf die Tatsache, daß die Ablaufleistung nicht garantiert ist, wird leider immer noch viel zu selten hingewiesen. Garantieren dürfen und müssen die Gesellschaften zur Zeit lediglich 3,5 Prozent Verzinsung — so will es das Bundesaufsichtsamt. Wie hoch die Verzinsung tatsächlich ist, bleibt weitgehend der Unternehmenswillkür überlassen. Gute Gesellschaften verzinsen die Spareinlagen zur Zeit mit 8 Prozent. Bezogen auf den Gesamtbeitrag bleibt — je nach Laufzeit — eine Rendite von 6 bis 7 Prozent, nach Steuern! Denn die Rendite dieser Kapitalanlage ist absolut steuerfrei — vorausgesetzt, der Vertrag läuft mindestens 12 Jahre. Es fällt also keine Kapitalertragssteuer und keine Zinsabschlagssteuer an.

Darüber hinaus sind die Beiträge zu einer KLV steuerlich absetzbar — allerdings nur im Rahmen der »Vorsorgeaufwendungen« (siehe Kap. 5.3). Das bedeutet, daß dieses Privileg für Angestellte meist wegfällt, da hier die Beiträge zur Sozialversicherung angerechnet werden.

Für wen eignet sich ein solcher Vertrag?

Freiberuflerinnen und **Selbständige** profitieren von der Möglichkeit, ihre Vorsorgeaufwendungen steuermindernd abzusetzen, oft so eindeutig, daß für sie der Abschluß der KLV (oder auch einer privaten Rentenversicherung) fast ein »Selbstgänger« ist. Denn die Rendite, die sich dann »nach Steuern« ergibt, ist — wenn überhaupt — nur von Aktiengewinnen zu schlagen.

Auch bei **Beamtinnen** kann noch »Luft« für Vorsorgeaufwendungen sein. Das Argument: »Sie können die Beiträge steuerlich absetzen«, wird leider allzu oft als Verkaufshilfe benutzt, ohne über die bestehenden Einschränkungen aufzuklären.

So müssen **selbständige Frauen,** die mit einem gut verdienenden Angestellten verheiratet sind, oft feststellen, daß sie keinen Pfennig, den sie für ihre Alters- und Krankenvorsorge aufbringen, absetzen können, denn die Beiträge zur Sozialversicherung des Mannes sind so hoch, daß sie das Höchstmaß an abzugsfähigen Aufwendungen für beide überschreiten. (Anhängig beim Bundesverfassungsgericht ist übrigens die Frage, ob es überhaupt zulässig ist, Selbständige hinsichtlich der Altersvorsorge mit Höchstgrenzen zu belegen.)

Die KLV gehört nicht gerade zu den flexibelsten Kapitalanlagen. Eine Vertragsänderung ist relativ aufwendig und manchmal sogar mit finanziellen Einbußen verbunden. Das ist für einige Frauen ein negatives Kriterium. Insbesondere diejenigen, die ihre berufliche und damit finanzielle Perspektive schwer überblicken können, sollten mit dieser Form der Altersvorsorge vorsichtig sein. Für sie gibt es Alternativen, die ich im Kapitel »Investmentfonds« besprechen werde.

Die Kapitallebensversicherung eignet sich für **Mütter,** die einerseits ihre Kinder für den Fall ihres vorzeitigen Todes absichern möchten und darüber hinaus Geld für die (zusätzliche) Altersvorsorge anlegen wollen.

Ein weiterer Vorteil der Lebensversicherung liegt in der Möglichkeit, sie zur **Tilgung eines Darlehens** zu verwenden. Denn nicht nur Banken und Bausparkassen verleihen Geld, sondern auch Lebensversicherungsgesellschaften. Wenn es sich um die Finanzierung eines Hauses oder einer Eigentumswohnung handelt, liegt der Zinssatz, den Versicherungen verlangen, meist deutlich unter dem der Banken. Sie bekommen das Geld bei einer Lebensversicherungsgesellschaft billiger.

Voraussetzung dafür, daß die Gesellschaft Ihnen Geld leiht, ist, daß Sie bei diesem Unternehmen eine Lebensversicherung abschließen. Dabei muß die Höhe der Lebensversicherung (voraussichtliche Ablaufleistung incl. der Überschüsse) der geliehenen Summe entsprechen. Während der Laufzeit des Darlehens bezahlen Sie dann die Zinsen und den Beitrag für die Lebensversicherung. Am Ende der Laufzeit wird die gesamte Kreditsumme auf einen Schlag mit der Versicherungsablaufleistung getilgt.

Ob dieses Finanzierungsmodell für Sie persönlich von Vorteil ist oder nicht, sollten Sie unbedingt mit Ihrer Steuerberaterin diskutieren.

Eine Kapitallebensversicherung läßt sich unter bestimmten Voraussetzungen sogar für beliebige Zwecke beleihen. Auf das angesparte Kapital können Sie bei Bedarf ein sogenanntes **Policendarlehen** aufnehmen. Die Zinsen liegen hier deutlich unter dem Satz, den Sie bei der Bank für ein kurzfristiges Darlehen zahlen müßten.

Allen Unkenrufen zum Trotz: Die Kapitallebensversicherung ist unter den sicheren Geldanlagen diejenige, die — nach Steuern betrachtet — mit die beste Verzinsung bietet. Für Frauen, die niemanden für ihren Todesfall absichern müssen, kann eine »private Rentenversicherung« allerdings noch günstiger sein. Immer unter der Voraussetzung, daß Sie eine renditestarke Gesellschaft gefunden haben.

Diejenigen aber, die weder Kinder abzusichern haben, noch so »vermögend« sind, daß sie bereits ihre Zinserträge versteuern müssen, sollten sich auch nach anderen Möglichkeiten der Geldanlage umsehen.

Es gibt keine allgemeingültige Aussage zum Thema »Lebensversicherung«. Jede Frau sollte für sich klären, ob der Abschluß einer Kapitallebensversicherung für Ihre persönlichen Verhältnisse — unter Berücksichtigung der steuerlichen Situation — sinnvoll ist oder nicht.

Die Spreu vom Weizen trennen

Die Differenz zwischen der besten und der schlechtesten Gesellschaft liegt schon bei einer Versicherungssumme von DM 20.000,-, einer Laufzeit von 25 Jahren und demselben Beitragsaufwand bei etwa DM 14.000,-. Falls Sie hier einen Druckfehler vermuten, hier noch einmal deutlicher: Wer vor 25 Jahren eine Versicherung über DM 20.000,- abgeschlossen hatte, bekam dieses Jahr — je nach Gesellschaft — DM 34.000,- bis DM 48.000,- ausbezahlt.

Aus manchen Zeitschriftenartikeln können wir den Eindruck gewinnen, als gäbe es nichts einfacheres, als die Versicherungsgesellschaft auszumachen, die uns den größten Gewinn bescheren wird. Das einzige aber, was aus den sogenannten **Zukunftsvergleichen,** die immer wieder veröffentlicht werden, zu ersehen ist, sind Modellrechnungen der Versicherungsgesellschaften — ohne jegliche Gewähr für die Zukunft! Ob also die Gesellschaft, die heute an erster Stelle steht, in 20 Jahren vielleicht Platz 30 einnimmt, weiß keine.

Interessant ist der Vergleich zwischen dem, was eine Gesellschaft vor 12 Jahren versprochen hat, und dem, was sie heute tatsächlich an die Versicherten ausbezahlt. Wieviel Prozent ihres Gewinns hat sie den jetzt fälligen Verträgen gutgeschrieben, und wieviel verspricht sie, für die Zukunft gutzuschreiben? Bei manchen Unternehmen klafft an dieser Stelle eine Differenz von mehr als 50 Prozent! Die Seriosität einer Gesellschaft zeigt sich daran, wie realitätsnah sie ihre Gewinnbeteiligung ausweist.

Kurioserweise stehen in den letzten Jahren auch die Gesellschaften »renditemäßig« an vorderster Stelle, die in der Vergangenheit eher zu den Schlußlichtern gezählt haben. Warum? Weil sie vom Bundesaufsichtsamt verpflichtet worden sind, die über zig Jahre gebunkerten Überschüsse endlich an ihre Kundinnen auszuschütten. **Sonderausschüttungen,** mit denen ausgerechnet die größten Hinterzieher jetzt werben können. Da die Zeit der großen Sonderausschüttungen zwischen 1986 und 1989 lag, sind mittlerweile sogar die letzten Vergangenheitsvergleiche verzerrt.

Prüfen Sie deshalb unbedingt, wie die Gesellschaft, bei der Sie abschließen wollen, in der längeren Vergangenheit, also in den letzten 25 Jahren etwa, abgeschnitten hat. Hier haben Sie Fakten. Eine Gesellschaft, die über 25 Jahre immer überdurchschnittlich hohe Überschüsse an die Versicherten ausgezahlt hat, wird mit hoher Wahrscheinlichkeit auch zukünftig gute Leistungen zeigen. Meines Erachtens gibt es keinen sichereren Hinweis auf die »Qualität« einer Gesellschaft als ihre Vergangenheit.

Rückschlüsse lassen sich auch aus dem Verhalten des »Außendienstes« einer Gesellschaft schließen. Je aggressiver, je aufdringlicher sich diejenigen verhalten, die Ihnen etwas verkaufen wollen oder sollen, desto skeptischer sollten Sie sein! Die sogenannten »Drückerkolonnen«, also die, die unaufgefordert vor Ihrer Haustür stehen oder Sie am Telefon belästigen, produzieren in der Regel extrem hohe Stornoquoten, die wiederum Kosten verursachen, die von den Versicherten dieser Gesellschaft getragen werden müssen.

Viele Gesellschaften haben überhaupt nur eine Chance am Markt (noch) zu bestehen, weil sie von aggressiven Vertreterinnen oder »Strukturvertrieben« ihre Produkte an die Frau bringen lassen. Im Gegensatz zu Versicherungsagentinnen und -vertreterinnen haben Versicherungsmaklerinnen die Interessen der Kundinnen zu vertreten und kommen allein schon aus regreßhaftungsrechtlichen Gründen selten auf die Idee, einen für die Kundin ungünstigen Vertrag zu vermitteln.

Vertragsgestaltung und Kündigung

Genauso wie bei der Risikolebensversicherung kann es bei bestimmten Vorerkrankungen einen Risikozuschlag oder eine Ablehnung geben. Eine Alternative kann dann die **private Rentenversicherung** darstellen.

Die Begünstigten ihrer Lebensversicherung müssen nicht identisch sein mit Ihren gesetzlichen Erben. Es steht Ihnen absolut frei, wen Sie für diesen Fall »begünstigen«. Sie können dieses **Bezugsrecht** auch jederzeit ändern.

Im Rahmen einer Kapitallebensversicherung werden Ihnen die unterschiedlichsten **Zusatzversicherungen** angeboten. Als erste wäre hier die Unfallzusatzversicherung zu nennen. Hierbei handelt es sich nicht um eine Absicherung gegen dauerhafte Invalidität, sondern ausschließlich um die Verdoppelung der Todesfallsumme für den Fall, daß der Tod infolge eines Unfalls eintritt. Im Zweifelsfall lassen Sie sich ein Angebot mit und ein Angebot ohne diesen Zusatz geben. Dann vergleichen Sie die Beitragsdifferenz mit dem Betrag, den Sie für eine separate Unfalltod-Versicherung bezahlen müßten!

Sinnvoll kann der Einschluß einer »Beitragsbefreiung bei Berufsunfähigkeit« sein. Für den Fall nämlich, daß Sie berufsunfähig werden sollten, müssen Sie dann keine Beiträge mehr bezahlen; dennoch bekämen Sie am Ende der Laufzeit genauso viel ausbezahlt, als hätten Sie die ganze Zeit über Beiträge entrichtet.

Auch eine monatliche Rente im Falle der Berufsunfähigkeit läßt sich vereinbaren. Mit welcher Vorsicht so etwas geschehen sollte, habe ich im Kapitel »Berufsunfähigkeitsversicherung« schon beschrieben.

Inzwischen bieten die Lebensversicherer in der Gestaltungsmöglichkeit der Verträge etwas mehr Flexibilität an. Bei vielen Gesellschaften können die Versicherungssumme für den Todesfall und die »Erlebensfallsumme« stark voneinander abweichen. So kann jede den Vertrag so gestalten, daß er ihren Bedürfnissen weitgehend gerecht wird.

Mit dem Argument, der Inflationsverlust müsse aufgefangen werden und überhaupt würden Sie ja immer mehr verdienen, sollen Sie nach dem Willen der Versicherung Ihren Vertrag mit einer **Dynamik** versehen. Beiträge und Leistungen stiegen damit entsprechend. Dabei wird Ihnen aber meistens folgendes verschwiegen:

1. Sie bekommen für Ihre Erhöhungen jedes Jahr weniger Leistung — denn die neue Versicherungssumme wird jährlich nach Ihrem derzeitigen Eintrittsalter und einer immer kürzer werdenden Laufzeit berechnet.

2. Jede Erhöhung wird wie ein Neuabschluß behandelt. Es fallen also erneut Kosten an, die die Gesellschaft stillschweigend von Ihren Beiträgen abzieht. Die letzten Jahre könnten Sie die Erhöhungsbeiträge also genausogut zum Fenster rausschmeißen.

3. Sie haben das Recht, der Ihnen angebotenen Erhöhung zu widersprechen. Die Gesellschaft muß Sie jährlich erneut darauf hinweisen, daß sie erhöhen will. Widersprechen Sie nicht, geschieht das automatisch. Schreiben Sie aber, daß Sie mit der Erhöhung nicht einverstanden sind, dann darf die Gesellschaft nicht erhöhen. Widersprechen Sie der »Dynamik« in drei aufeinander folgenden Jahren, so ist sie für immer gestoppt. Wenn Sie sich sicher sind, daß Sie für alle Zeiten keine »Dynamik« mehr möchten, dann können Sie auch mit einem einmaligen Schreiben, am besten per Einschreiben, die Angelegenheit regeln. Von dieser Möglichkeit sollten alle diejenigen Gebrauch machen, die seit mehreren Jahren an eine renditeschwache Gesellschaft zahlen. So läßt sich der Verlust wenigstens ein bißchen minimieren. Spätestens aber 10 Jahre vor Ablauf des Vertrages sollte eine »Dynamik« gestoppt werden.

Sinnvoll ist die Aufrechterhaltung der »Dynamik« dann, wenn tatsächlich ein steigender Todesfallschutz benötigt wird, und der Gesundheitszustand nicht mehr ganz gut ist. Die »Dynamik« bietet Ihnen nämlich den einen Vorteil, daß keine weiteren Gesundheitsprüfungen mehr anfallen. Die Gesellschaft muß erhöhen, auch wenn Sie schon sehr krank sind.

Bei der vorzeitigen **Kündigung** einer KLV machen Sie in jedem Fall Verlust! Häufig bekommen Sie nach einem Jahr Beitragszahlung keinen Pfennig zurück. Erst nach etwa zwei Jahren fangen Sie an, einen »Rückkaufswert« zu bilden. Das liegt daran, daß die Gesellschaften zunächst die Verwaltungskosten und die Vermittlerinnenhonorare bezahlen, bevor Ihr Geld anfängt, für Sie zu arbeiten. Deshalb sollten Sie mit der KLV nur solche Beitragssummen vereinbaren, die Sie langfristig als »sicher aufbringbar« einstufen. Aufstocken läßt sich jede Form von Altersvorsorge, aber das »Abspecken« ist in diesem Fall mit Verlust verbunden.

Den Versicherern ist vom Verband der deutschen Lebensversicherer empfohlen worden, keine Beiträge zu Lebensversicherungen einzuklagen. In jedem Versicherungsvertrag steht aber, daß die Versicherungsnehmerin den Vertrag jederzeit, nach Ablauf von 12 Monaten, kündigen kann. D.h., rein rechtlich steht dem Unternehmen der erste Jahresbeitrag zu.

In der Praxis zeigt sich an dieser Stelle die Qualität einer Gesellschaft: Seriöse Gesellschaften lassen Sie anstandslos gehen, wenn Sie sich umorientiert haben. Je mehr dagegen eine Gesellschaft versucht, Ihnen Angst zu machen, desto mehr dürfen sie sich in Ihrer Entscheidung bestätigt fühlen, diese Gesellschaft zu verlassen.

Bevor Sie eine Lebensversicherung kündigen, lassen Sie sich von gesellschaftsunabhängigen Frauen beraten, ob es eventuell eine »glimpflichere« Lösung gibt. Manchmal ist allerdings das »Ende mit Schrecken« das kleinere Übel.

Unproblematisch ist in der Regel das kurzfristige **Ruhenlassen** der Versicherung. Bis zur Dauer von zwei Jahren behalten Sie bei manchen Gesellschaften sogar Ihren Versicherungsschutz uneingeschränkt weiter.

Sie können einen Vertrag auch für die gesamte Restlaufzeit **beitragsfrei stellen;** auf diese Weise können Sie sich eine beitragsfreie Todesfallabsicherung erhalten (natürlich fällt diese entsprechend geringer aus) und gleichzeitig mit Ihrem Kapital weiterhin an den Überschüssen der Gesellschaft partizipieren.

4.3 Private Rentenversicherung

Frauen, die niemanden für den Fall ihres Todes absichern müssen, sind meist besser mit einer guten privaten Rentenversicherung (PRV) bedient als mit einer Kapitallebensversicherung. Denn bei dieser Versicherungsform entfällt der Beitrag für die »Todesfallabsicherung«, weil die Gesellschaft das Risiko, die garantierte Summe vorab zahlen zu müssen, nicht tragen muß.

Frau kann bis kurz vor Rentenbeginn wählen, ob sie eine lebenslang garantierte monatliche Rente haben möchte, oder ob sie sich lieber alles auf einmal — als sogenannte »Kapitalabfindung« — auszahlen lassen will.

Stirbt die Versicherungsnehmerin *vor* Beginn der Rentenzeit, so zahlen die meisten Gesellschaften die bis dahin bezahlten Beiträge (zuzüglich der bis dahin angefallenen Überschüsse) an die Person aus, die im Antrag als »bezugsberechtigt« angegeben ist. Aber Achtung: Es gibt auch Tarife ohne Beitragsrückgewähr!

Stirbt die Versicherungsnehmerin *nach* Rentenbeginn und hatte sie die monatliche Rente gewählt, bekommen die »Hinterbliebenen« — je nach Tarif — entweder lebenslang eine Rente (Witwer- und Waisenrenten) weiterbezahlt oder nur für eine bestimmte Anzahl von Jahren. Bei einigen Tarifen gehen die Hinterbliebenen jedoch vollkommen leer aus.

Eine Alternative stellt die PRV auch für Frauen dar, die aufgrund von **Vorerkrankungen** in der Kapitallebensversicherung nicht mehr zu »normalen« Bedingungen versichert werden, also entweder keine Versicherung bekommen oder einen »Risikozuschlag« hinnehmen müssen.

Bei der reinen Rentenversicherung werden überhaupt keine Gesundheitsfragen gestellt.

Für die PRV gelten die gleichen steuerlichen Grundsätze wie

für die Kapitallebensversicherungen. Auch hier gibt es große Unterschiede hinsichtlich der **Verzinsung.** Gute Gesellschaften bringen es auf zur Zeit 8 Prozent im Jahr.

Apropos Steuern:

Sowohl über die private Rentenversicherung als auch über die Kapitallebensversicherung besteht die Möglichkeit, größere Summen vor dem Zugriff des Fiskus zu schützen. Mit Verträgen, die eine Ansparphase von nur 5 Jahren haben, frühestens aber nach 12 Jahren wieder ausgezahlt werden, können Sie etwas für Ihre Altersversorgung tun und gleichzeitig verhindern, daß Sie mit Ihren Zinserträgen über den Freibetrag von (voraussichtlich) jährlich DM 6.000,- (Ledige) bzw. 12.000 (Verheiratete) geraten.

Sollten Sie schon in der Nähe des Rentenalters sein, dürfen Sie eine größere Summe »im Stück« einzahlen und sie sich als »sofort beginnende Rente« monatlich wieder auszahlen lassen. Die Verzinsung des Kapitals bleibt dann steuerfrei. Lediglich die ausgezahlte Rente ist mit dem **Ertragsanteil** zu versteuern. Das bedeutet, daß Sie – je nach Rentenbeginnalter – auf etwa 20 bis 30 Prozent Ihrer Rente Steuern bezahlen müssen, soweit Sie bestimmte Freibeträge überschreiten.

Für **Selbständige** und **Freiberuflerinnen** stellen die Kapitallebensversicherung oder die private Rentenversicherung also meistens eine sehr attraktive Form der Geldanlage, insbesondere für die Altersvorsorge, dar. Aber auch Frauen, die so »begütert« sind, daß sie bereits Steuern auf Kapitalerträge zahlen müssen, sollten sich diese Form der Geldanlage überlegen.

Das Sparen in einem Investmentfonds kann eine Alternative für diejenigen Frauen sein, die keine Verträge mit Versicherungsgesellschaften abschließen können oder wollen. Aber auch als »zweites Bein« der Altersvorsorge bietet sich diese Form des Sparens an.

Das folgende Kapitel soll Sie ein bißchen auf den Geschmack bringen, sich auch einmal mit dieser Form der Geldanlage zu beschäftigen.

4.4 Investmentfonds

Wenn Ihnen die Zinsen, die Sie selbst bei guten Versicherungsgesellschaften für eine Kapitallebensversicherung oder eine Rentenversicherung bekommen, zu niedrig erscheinen, gibt es eine interessante Alternative: einen Aktienfonds. Stört Sie dagegen mehr die geringe Flexibilität der Versicherungsverträge, dann macht vielleicht auch ein Rentenfonds Sinn.

Sowohl **Aktienfonds** als auch **Rentenfonds** sind in ihrer Handhabung flexibler als ein Sparbuch. Kündigungsfristen oder gar Vorschußzinsen gibt es nicht!

Wie funktioniert ein Investmentfonds?
Einen **Investmentfonds** können Sie sich wie einen Topf vorstellen, in dem die unterschiedlichsten Wertpapiere, entweder Aktien oder festverzinsliche Papiere wie Schuldscheine, Pfandbriefe etc. (Rentenfonds) gesammelt werden. Manchmal auch eine Mischung aus beiden Sorten.

Das Geld, mit dem diese **Wertpapiere** gekauft werden, stammt von den Anlegerinnen. Je nachdem, wieviel Geld frau in diesen Fonds einzahlt, ist sie Besitzerin entsprechend vieler Anteile. Sie kauft nicht ein oder zwei Papiere, sondern Sie erwirbt Bruchstücke sämtlicher im Fonds befindlichen Werte. Dadurch »streut« sie ihr Risiko. Denn hätte sie nur Aktien von einem Unternehmen, und diese würden »fallen«, dann hätte sie den Kursverfall voll zu tragen. In einem Aktienfonds aber hat sie die Chance, daß die Aktienanteile anderer Branchen den Kursverlust der stürzenden Aktien auffangen. Das ist das Prinzip der Investmentfonds: breite Risikostreuung und damit Risikominimierung.

Wer sucht die Wertpapiere aus, die in den Fonds kommen?
Kauf und Verkauf von einzelnen Papieren übernehmen erfahrene Börsenfachleute, die sogenannten **Fondsmanagerinnen.** Diese werden dafür bezahlt, ständig darauf zu achten, daß die Mischung der im Fonds befindlichen Papiere dem Ziel, möglichst hohe Gewinne zu erzielen, gerecht werden kann. Die Managerinnen sollten mit dem Geld der Anlegerinnen so umgehen, als wäre es ihr eigenes. Wenn Sie sich einmal für einen Fonds entschieden haben, müssen Sie also nicht mehr täglich die Börse verfolgen und sich Gedanken machen, was sie kaufen oder verkaufen wollen, denn das übernehmen die Fondsmanagerinnen. Sie sollten aber spätestens nach drei Jahren überprüfen, ob der Fonds Ihr Vertrauen verdient hat. Hat er besser oder schlechter abgeschnitten als der Durchschnitt vergleichbarer Fonds? Wenn er schlechter war, sollten Sie einen Wechsel ins Auge fassen. Völlig unrealistisch ist aber die Vorstellung, einen Fonds nach wenigen Monaten beurteilen zu wollen!

Wer bezahlt die Fondsmanagerinnen?
Die Fondsmanagerinnen bezahlen Sie! Je nach Fonds wird Ihnen einmalig ein **Ausgabeaufschlag** von 1 bis 8 Prozent berechnet. Für Rentenfonds bezahlen Sie in der Regel 2 bis 3 Prozent, für Aktienfonds 5 Prozent. Dieses Aufgeld wird von der Fondsverwaltung direkt von Ihrem Kapital abgezogen. Danach bezahlen Sie Depotgebühren und/oder Verwaltungsgebühren in Höhe von etwa 0,5 Prozent im Jahr.

Größte Vorsicht ist bei Fonds geboten, bei denen Sie über diese Gebühren hinaus noch irgendwelche Depoteinrichtungskosten bezahlen sollen. Hinter solchen Kosten stecken meist dubiose Vertriebsorganisationen, denen die Prozente, die sie aus dem Ausgabeaufschlag ohnehin für die Beratung erhalten, nicht ausreichen.

Wieviel Rendite bringt so ein Investmentfonds?
Das weiß niemand! Von ganz wenigen **Garantiefonds** abge-

sehen, die für 12 bis 18 Monate eine Mindestrendite garantieren, ist keine Fondsmanagerin und keine Vermittlerin oder Bank in der Lage, für die Zukunft verbindliche Aussagen über die »Performence« eines Fonds zu machen. Das einzige, was sich genau berechnen läßt, ist die Wertentwicklung in der Vergangenheit. Weitgehend einig sind sich die Fachfrauen darin, daß der aussagekräftigste Zeitraum für einen Investmentfonds die letzten 10 Jahre sind.

Vor Steuern, d.h., bevor auf die Gewinne **Steuern** angefallen sind, haben die besten Aktienfonds im Zeitraum von 1981 bis 1990 Durchschnittsrenditen von über 15 Prozent erwirtschaftet. Die besten Rentenfonds (Fonds also, die in festverzinsliche Papiere investieren) brachten es immerhin noch auf 10 Prozent Rendite. Nach Steuern aber rentierten die guten Aktienfonds selbst bei einem Steuersatz von 50 Prozent noch bei 14 Prozent. Bei den Rentenfonds schaffte keiner die Sechs-Prozent-Hürde!

Weshalb Aktienfonds nach Steuern so viel besser abschneiden, liegt daran, daß Kursgewinne dann steuerfrei bleiben, wenn sie in einem Zeitraum realisiert werden, der länger als 6 Monate ist. Wenn Sie also nicht mit kurzfristigen Aktienkäufen spekulieren, zahlen Sie auf Kursgewinne keine Steuern! Viele Aktienfonds erzielen ihre hohe Wertsteigerung nun überwiegend aus Kursgewinnen, und nur zu einem geringen Teil aus »ordentlichen Erträgen« wie Zinsen und Dividenden. Das führt dazu, daß von der Gesamtrendite dieser Fonds nur ein kleiner Teil versteuert werden muß. Völlig legal. Im Gegensatz dazu erzielen die meisten Rentenfonds recht hohe Dividenden (jährliche Ausschüttungen, die pro Anteil gutgeschrieben werden), während sich die Kursgewinne in Grenzen halten. Daher fallen auf die Erträge der Rentenfonds vergleichsweise hohe Steuern an.

Wie werden Investmentfonds gekauft?

Investmentfonds bekommen Sie bei Anlage- und Finanzmaklerinnen sowie bei den Banken. Die Finanzmaklerinnen sind unabhängig und können Ihnen die Fonds verschiedener Gesellschaften vorstellen. Die Banken haben in der Regel kein Interesse, hausfremde Produkte zu verkaufen. Das führt dazu, daß Ihnen nur die Fonds der Gesellschaft angeboten werden, deren Depotbank Sie zur Beratung aufgesucht haben.

Für Investmentfonds gibt es **Mindestbeiträge.** Für regelmäßige Einzahlungen akzeptieren die meisten Wertpapiergesellschaften einen Betrag von DM 100,- monatlich. Mit Einmalzahlungen dürfen Sie bei einigen Gesellschaften schon ab DM 500,- »zeichnen«, bei anderen erst ab DM 50.000,- oder noch mehr.

Sind der Flexibilität Grenzen gesetzt?

Es gibt zwei Überlegungen, die gegen ein spontanes **Veräußern der Fondsanteile** sprechen können:

1. Jeder Fondswechsel belastet Ihr Kapital erneut mit dem Ausgabeaufschlag. Je länger Ihr Geld im Fonds bleibt, desto weniger fallen diese Kosten ins Gewicht.
2. Schlechtwetter an den Börsen: Wenn die Kurse gerade »im Keller« sind, besteht die Gefahr, daß Sie sogar ins Minus geraten. Eine solche Zeit sollten Sie abwarten können. Deshalb: Legen Sie niemals das gesamte Kapital in Aktienfonds an. Belassen Sie ein »Notpolster« im festverzinslichen Bereich, z.B. in Rentenfonds oder Bundesschatzbriefen.

Von diesen beiden Überlegungen abgesehen, können Sie jederzeit über Ihr Geld verfügen. Ein Zweizeiler an die Fondsgesellschaft genügt, und binnen 10 Tagen ist der abgerufene Betrag auf ihrem Konto gutgeschrieben. Regelmäßige Einzahlungen können Sie jederzeit stoppen oder verändern.

Geld, auf das Sie nicht spontan einen Zugriff haben müssen, darf in einen Aktienfonds. Geld, das kurz- oder mittelfristig benötigt wird, sollten Sie hier nicht investieren. Als zusätzliche Altersvorsorge ist der Aktienfonds ideal; aber auf keinen Fall als einzige Rentenquelle.

Frauen, die eventuell eine Immobilie oder ein Auto kaufen wollen, sollten sich nach einem attraktiven Rentenfonds umsehen. Darunter verstehe ich solche, die sich, aufgrund der derzeitigen Hochzinsphase, mit hochprozentigen Papieren eindecken konnten und keine oder nur wenige »Altlasten« mit sich schleppen. Das sind beispielsweise die neuen **Laufzeitfonds.** Diese werden zu einem vorherbestimmten Termin aufgelöst, und zu diesem Zeitpunkt bekommen Sie automatisch das gesamte Kapital zurück. Inzwischen bieten einige Gesellschaften sogar schon Fonds mit einer garantierten Mindestrendite von 8 Prozent und mehr an.

Wie kann ein Fonds beobachtet werden?
Wenn Sie ein Investmentkonto eröffnet haben, bekommen Sie einen Kontoauszug, aus dem alle wichtigen Daten hervorgehen: Datum der Anlage, eingezahlte Summe, angelegte Summe, Ausgabepreis und die Zahl der gekauften Anteile. Für jede weitere Bewegung auf diesem Konto bekommen Sie einen weiteren Kontoauszug. Wenn Sie überlegen, ob Sie einzelne oder alle Anteile verkaufen wollen, müssen Sie lediglich dem letzten Kontoauszug die Anzahl Ihrer Anteile entnehmen und diese Zahl multiplizieren mit dem aktuellen Rücknahmepreis. Damit haben Sie auf den Pfennig genau die Höhe Ihres Investmentdepots ermittelt. Für einmalige Zahlungen erhalten Sie mindestens jährlich einen Auszug; dann nämlich, wenn die Dividenden ausgeschüttet werden.

Einige Investmentfonds schütten diese **ordentlichen Erträge** jährlich aus. Sie bekommen dieses Geld (auf Antrag) ausgezahlt. Andere »reinvestieren« die Erträge grundsätzlich, sie legen das Geld also gleich in neue Fondsanteile an, und das in aller Regel zu günstigeren »Ausgabeaufschlägen«. Es gibt einen »Wiederanlagerabatt«.

In den Wirtschaftsteilen der großen Tageszeitungen werden täglich die aktuellen Kurse auch der Investmentfonds veröffentlicht. Der »Ausgabepreis« ist der, den Sie beim Kauf für einen

Anteil bezahlen müssen. Der »Rücknahmepreis« ist der, den Sie beim Verkauf pro Anteil erhalten. Dabei entspricht der Rücknahmepreis exakt dem Ausgabepreis abzüglich des Ausgabeaufschlags.

Die **Performence** der einzelnen Fonds wird regelmäßig in den verschiedenen Wirtschaftsmagazinen veröffentlicht. Leider finden sich auch in diesen Publikationen immer noch vereinzelt Artikel, die den Verbraucherinnen suggerieren, ein Fonds ließe sich an der Rendite des letzten Jahres messen. Unter den Fachleuten herrscht weitgehend Einigkeit darüber, daß der aussagekräftigste Zeitraum für die Beurteilung eines Aktienfonds die letzte Zehn-Jahres-Periode ist. Daten über einzelne Fonds, bzw. über alle in Deutschland zugelassenen, können Sie auch beim Bundesverband deutscher Investmentgesellschaften anfordern.

Die hier zugelassenen Investmentfonds unterliegen übrigens alle der Kontrolle durch das Bundesaufsichtsamt für das Kreditwesen.

Eine Alternative zur Kapitallebensversicherung?
Investmentfonds sind also nicht nur flexibler als ein Sparbuch! Sie bringen normalerweise auch erheblich mehr Rendite. Kombiniert mit einer günstigen Risikolebensversicherung, können sie auch für Eltern, die eine Todesfallabsicherung brauchen, eine sinnvolle Alternative zur Kapitallebensversicherung darstellen. Ich rede hier nicht von den sogenannten »Fondspolicen«, bei denen Sie die Risikolebensversicherung und die Investmentfondsanlage in einem Vertrag abschließen, sondern von zwei völlig separaten Verträgen, die Sie jederzeit verändern können — ohne Verlust.

Fondspolicen sind sehr umstritten. Die einen feiern sie, die anderen verteufeln sie. Ich sehe in den seltensten Fällen Vorteile für die Kundinnen, zumal diese Verträge im Rahmen der Vorsorgeaufwendungen steuerlich nicht absetzbar sind!

Wie riskant sind Investmentfonds?
Ich will es so formulieren: Mit Aktienfonds riskieren Sie kurzfristig Verluste, mit Rentenfonds riskieren Sie langfristig niedrige Gewinne.

Die **Aktienfonds** zeichnen sich durch ein höheres, wenn auch »temporäres« Risiko aus. Dafür lassen sie deutlich höhere Gewinne erwarten. Gute Aktienfonds haben im Durchschnitt der letzten 10 Jahre Renditen von etwa 15 Prozent erwirtschaftet. Das kostet allerdings auch ein bißchen mehr Nerven. In Zeiten politischer Unruhen können die Fonds leicht um 25 Prozent an Wert verlieren. Wer in so einem Moment unbedingt Anteile verkaufen muß, verliert eventuell sogar Kapital, nicht nur die Nerven (sprich: Rendite). Deshalb sollte nur solches Geld in Aktienfonds investiert werden, das Sie langfristig entbehren können. Je länger das Geld im Fonds bleiben kann, desto höher die Renditeaussicht. Für kurzfristige Anlagen eignen sich Aktienfonds schon wegen ihrer relativ hohen Ausgabeaufschläge nicht.

Niemand ist in der Lage vorherzusagen, wieviel ein **Aktienfonds** in den nächsten Jahren erwirtschaftet. Ein Fondsmanagement, das sich über viele Jahre bewährt hat, ist allerdings ein wichtiger Hinweis auf die Qualität eines Fonds. Aber selbst die besten Fondsmanagerinnen kommen nicht an der allgemeinen Weltwirtschaftslage vorbei.

Rentenfonds unterliegen bei weitem nicht solchen Schwankungen wie Aktienfonds. Die Bewegungen sind sehr viel moderater, ebenso aber die Gewinnmöglichkeiten. Mit Aktien und Aktienfonds sind in der Vergangenheit, bei langfristiger Betrachtung, nachweislich die höchsten Renditen erzielt worden. Eine Garantie für die Zukunft kann dennoch niemand geben.

Daß Sparen in Aktienfonds auch von Vorteil für die Volkswirtschaft ist, zeigt allein schon die Tatsache, daß diese Sparform als einzige — neben dem Bausparen — staatlich gefördert wird, im Rahmen des 5. Vermögensbildungsgesetzes.

Gibt es echte Ökofonds?

Ich werde immer wieder nach Investmentfonds gefragt, die in politisch und ökologisch saubere Projekte investieren. Zwar gibt es mittlerweile einige, die diese Grundsätze auf ihre Fahne schreiben. Mehr als fraglich ist allerdings, ob diese Prinzipien eingehalten werden. Oft sind z.B. Recycling-Firmen Tochtergesellschaften gerade derjenigen, die den meisten »Dreck« produzieren. Wer will da überprüfen, welchem Bereich des Gesamtunternehmens das Kapital tatsächlich zur Verfügung gestellt wird? Gerade im Bereich der »ethischen« Fonds wird nicht nur viel geblufft, sondern werden auch gern mit grünen Sprüchen horrende Gebühren abkassiert. Auf den »radikal ökologischen« Fonds werden wir wohl noch eine Weile warten müssen.

4.5 Sonstige Kapitalanlagen

Vermögenswirksame Leistungen (5. Vermögensbildungsgesetz)

Der Staat begünstigt Geringverdienende in Form von Zuschüssen zur Geldanlage. Allerdings gilt das nur für Arbeiterinnen und Arbeitnehmerinnen. Voraussetzung: Sie dürfen mit Ihrem zu versteuernden Einkommen nicht über DM 27.000,- (Ledige) bzw. DM 54.000,- (Verheiratete) liegen. Staatliche Förderungen gibt es für maximal DM 78,- monatlich. Auch von der Arbeitgeberin bekommen Sie etwas dazu, die Höhe des Zuschusses variiert erheblich, sie reicht von DM 6,50 bis DM 78,-. Für die »Arbeitgeberinnensparzulage« dürfen Sie die oben genannten Verdienstgrenzen überschreiten.

Seit dem 1.1.1989 werden nur noch das **Bausparen** und das **Beteiligungssparen** (Aktienfonds, Unternehmensbeteiligungen) begünstigt. Nur für diese beiden Sparformen zahlt der Staat die sogenannte **Arbeitnehmerinnensparzulage** von 10 Prozent auf Bausparverträge bzw. 20 Prozent auf Beteiligung an Produktivvermögen. Diesen Zuschuß müssen Sie sich aktiv über die Lohnsteuererklärung holen. Die Bindefrist für diese staatlich bezuschußten Verträge beträgt 7 Jahre. Lösen Sie den Vertrag vorher, müssen die staatlichen Zuschüsse zurückgezahlt werden. Die Arbeitgeberinnensparzulage dürfen Sie behalten.

Die **Arbeitgeberinnensparzulage** bekommen Sie auch noch für das Kontensparen bei der Bank und für das Sparen in einer Lebensversicherung. Diese beiden Sparformen werden von staatlicher Seite aber nicht mehr gefördert, was manche Banken und Versicherungen Ihnen gerne verschweigen. Die Banken tun gerne so, als ob sie die entfallene staatliche Förderung mit einem einmaligen Bonus von 14 Prozent am Ende der 7jährigen Laufzeit wettmachen könnten. Auch die Tatsache, daß dieser Bonus entfällt, wenn Sie auch nur einen einzigen Monat Ihre Zahlung einstellen, erfahren Sie nicht immer.

Was Ihnen ebenso häufig vorenthalten wird: Sie bekommen die staatliche Förderung auch dann, wenn Sie ausschließlich den Arbeitgeberinnenzuschuß anlegen, selbst also nichts drauflegen! Sicherlich haben Sie mehr von dieser Form der Geldanlage, wenn Sie sie bis zur Höchstgrenze »ausreizen«, und die Differenz zu DM 78,- selbst beisteuern. Aber nicht jede Frau hat von ihrem Gehalt oder Lohn noch etwas übrig, das sie sparen könnte.

Die Frage danach, welche Sparform sinnvoller ist, läßt sich pauschal nicht beantworten. Wenn Sie ein großes Sicherheitsbedürfnis haben, sollten Sie einen Bausparvertrag abschließen. Der Bausparvertrag rechnet sich für diejenigen, die tatsächlich bauen oder kaufen wollen; dann nämlich gibt es als Entschädigung für die niedrigen Guthabenzinsen auch niedrige Darlehenszinsen. Sehr viel flexibler sind Aktienfonds. Sie bieten zwar keine garantierte Verzinsung, lassen dafür aber eine höhere Rendite erwarten; und was Sie mit dem Geld machen, bleibt Ihnen überlassen.

Bausparen

Wenn wir etwa 10 Jahre lang DM 333,- monatlich in einen Bausparvertrag zahlen, haben wir uns den Anspruch auf ein Darlehen in Höhe von DM 50.000,- verdient. Dieselbe Summe haben wir in dieser Zeit angespart. Die Bausparsumme beträgt also DM 100.000,-.

Bausparverträge versprechen ein **zinsgünstiges Darlehen** zum Erwerb von Wohneigentum oder zu seiner Erhaltung. Die Kehrseite dieser Medaille: Für das Geld, das wir in den Jahren bevor der Vertrag »zuteilungsreif« wird, einzahlen, bekommen wir nur dürftige Guthabenzinsen, in der Regel 3 Prozent.

Wir verzichten also in der »Ansparphase« des Bausparvertrages auf hohe Guthabenzinsen, um dann in der »Finanzierungsphase« weniger »Schuldzinsen«, in der Regel 5 Prozent, zu bezahlen. Zur Zeit bedeutet das den Verzicht auf etwa 5 Prozent Guthabenzinsen, gegenüber einem Vorteil von etwa 3,5 Prozent bei den Hypothekenzinsen.

Da die Phase, in der eine Immobilie abbezahlt wird, meistens länger ist als die Phase, in der ein Bausparvertrag angespart wird, geht diese Rechnung natürlich nicht 1:1 auf. Manchmal erscheint das Ansparen eines Bausparvertrages durchaus sinnvoll. Dann nämlich, wenn die Bausparbeiträge steuermindernd geltend gemacht werden können.

Was Sie aber auf jeden Fall bedenken sollten: Die Bausparkassen können den Zeitpunkt für die **Zuteilung des Darlehens** nicht garantieren! Es kann Ihnen also durchaus passieren, daß Ihr Bausparvertrag mit 50 Prozent angespart und zuteilungsreif ist, das Objekt der Begierde gefunden ist, und die Bausparkasse sagt: »Tut uns leid, wir können zur Zeit nicht zuteilen, wir haben keine Mittel.« — Pech!

Böse Überraschungen gibt es oft, wenn es darum geht, den zuteilungsreifen Bausparvertrag in ein **Finanzierungskonzept** bei einer anderen Kreditanstalt miteinzubeziehen. Dann nämlich fangen die Institute die Rangelei um die Rangfolge bei der Eintragung des Kreditgebers im Grundbuch an. »Wenn wir nicht in den ersten Rang kommen, dann nehmen wir natürlich 0,2 Prozent Aufschlag.« (Bank) »Wir sollen in den dritten Rang? Nein, dann zahlen wir nicht aus!« (Bausparkasse).

Fazit: Wer mit dem Gedanken spielt, eine Immobilie zu kaufen, sollte sich möglichst ein umfassendes Finanzierungskonzept überlegen. Das Motto: »Hier ein Bausparvertrag und da eine Lebensversicherung kann nichts schaden«, könnte am Ende mehr Komplikationen als Nutzen bringen.

Immobilien

Für den Kauf einer Immobilie spricht nicht nur der stetige Wertzuwachs, sondern auch die Mietersparnis bei selbstgenutztem Wohnraum. Zur Zeit stehen diesen Vorteilen allerdings auch hohe Hypothekenzinsen gegenüber. Ob diese in den nächsten Jahren fallen oder steigen werden, ist ebenso Spekulation wie die Vorhersage von Aktienkursen.

Wenn Sie das nötige Geld für den Erwerb einer Immobilie nicht haben, können Sie sich das fehlende Kapital bei einer Bank, eine Bausparkasse oder einer Lebensversicherungsgesellschaft leihen. Allerdings nur unter der Voraussetzung, daß die Kreditanstalt Ihre finanziellen Verhältnisse für gut und stabil hält.

Die Konditionen, zu denen die einzelnen Unternehmen Geld verleihen, sind sehr unterschiedlich und ständigen Änderungen unterworfen. Auch hinsichtlich der steuerlichen Begünstigungen sollten Vergleiche angestellt werden. Lassen Sie die steuerlichen Auswirkungen, die Ihnen vorgerechnet werden, immer von Ihrer Steuerberaterin überprüfen!

Dubioses

Viele Möglichkeiten von Kapitalanlagen wurden hier nicht besprochen. Es würde den Rahmen dieses Ratgebers sprengen. Warnen möchte ich Sie dringend vor Produkten, die Sie über einen Bankkredit finanzieren sollen. Mit seitenlangen Steuerberechnungen sollen Sie davon überzeugt werden, daß dieses **Zinsdifferenzgeschäft** aufgeht. In den meisten Fällen rechnet sich so etwas ausschließlich für die Vertreiberinnen dieser Angebote.

Immer dann, wenn irgendwelche Leute sich Ihnen aufdrängen und Sie von einem **Superprodukt** überzeugen wollen, sollte bei Ihnen die höchste Alarmstufe ausgelöst werden! Auch dann, wenn Ihnen mit Bankgarantien und Treuhandgesellschaften Respekt eingeflößt werden soll: Vorsicht! Nicht selten entpuppen sich solche Firmen als Briefkastenfirmen, die mit dem Geld der Anlegerinnen längst auf und davon sind.

5. Steuerliche Aspekte

5.1 Kinderfreibeträge

Mit Wirkung vom 1.1.92 wurden nicht nur das Kindergeld für das erste Kind von DM 50,- auf DM 70,-, sondern auch die Kinderfreibeträge von DM 3.024,- auf DM 4.104,- je Kind erhöht. Eltern, die von diesen Freibeträgen wegen ihres geringen Verdienstes nicht profitieren können, erhalten auf Antrag einen Kindergeldzuschlag in Höhe von DM 48,- pro Kind. Alleinerziehende haben Anspruch auf einen sogenannten **Haushaltsfreibetrag** in Höhe von DM 5.616,-, vorausgesetzt, das Kind wohnt bei ihnen. Eine Haushaltshilfe können Alleinerziehende von mindestens einem Kind und Verheiratete mit mindestens zwei Kindern unter 10 Jahren steuerlich absetzen, wenn sie diese Hilfe versicherungspflichtig (!) beschäftigen, d.h. wenn sie für diese Person Beiträge zur staatlichen Rentenversicherung bezahlen. Maximal dürfen für eine Haushaltshilfe DM 12.000,- jährlich abgesetzt werden.

5.2 Sparerinnenfreibeträge

Noch gelten für Alleinstehende Sparerinnenfreibeträge von jährlich DM 600,- und für Verheiratete DM 1.200,-. Ab 1993 sollen diese Freibeträge verzehnfacht werden! Gleichzeitig wird über eine **Zinsabschlagsteuer** diskutiert, die jede Zinsgutschrift mit einer Steuer von 30 Prozent belegen soll, bevor sie die Sparerin überhaupt erreicht. Für die sogenannten **Tafelgeschäfte,** das sind Wertpapiere, die anonym im Banksafe liegen, wird sogar über eine 35prozentige Besteuerung diskutiert. Noch ist das Steueränderungsgesetz von 1992 aber nicht verabschiedet. In welcher Form die Finanzminister uns zur Steuerehrlichkeit zwingen wollen, darüber wird noch verhandelt. Inwieweit das Gesetz wieder einmal mehr den Großverdienern Schlupflöcher läßt, ist Gegenstand heftiger Diskussionen. Für die »kleine Sparerin« ist ein steuerfreier Zinsgewinn von DM 6.000,- jährlich auf jeden Fall eine Erleichterung. Mit dem **Freistellungsauftrag** kommen wir, soweit wir unterhalb dieser Grenze bleiben, um die Zinsabschlagsteuer herum.

Übrigens: Auch Kinder dürfen Zinseinnahmen haben. Das Geld muß dem Kind lediglich überschrieben werden.

Druck übt die Anhebung der Sparerinnenfreibeträge auf jeden Fall auf die Lebensversicherer aus. Das Argument, daß Zinsen und Überschüsse steuerfrei sind, verliert an Bedeutung überall dort, wo noch kein zu versteuerndes Kapital vorhanden ist. Immerhin bleibt selbst eine »steuerungünstige« Anlage, die 8 Prozent Zinsen abwirft, bis zu einer Höhe von DM 75.000,- genauso steuerfrei wie eine Kapitallebensversicherung. Bleibt abzuwarten, was sich die Branche an neuen Anreizen einfallen läßt.

Um es noch einmal deutlich zu machen: *Steuerfrei* werden ab

1993 voraussichtlich alle Kapitalanlagen sein, die nicht mehr als DM 6.000,- (für Alleinstehende) und DM 12.000,- (für Verheiratete) Zinsen abwerfen; Lebensversicherungen und private Rentenversicherungen in beliebiger Höhe. Als Vorsorgeaufwendungen von dem zu versteuernden Einkommen absetzbar sind nach wie vor ausschließlich Kapitallebensversicherungen und Rentenversicherungen.

5.3 Vorsorgeaufwendungen

Vorsorgeaufwendungen, die steuerlich geltend gemacht werden können, sind neben den Renten- und Kapitallebensversicherungen auch Bausparkassenbeiträge (eingeschränkt) und Beiträge zu folgenden Versicherungen: Private Haftpflicht (auch für Sportbootfahrerinen und Hundehalterinnen), Kfz-Haftpflicht, Unfallversicherung, Risikolebensversicherung sowie Berufsunfähigkeits- und Krankenversicherung. Für die steuerliche Absetzbarkeit gibt es aber Grenzen: Ledige können maximal Beiträge in Höhe von DM 8.680,-, Verheiratete bis zu DM 17.360,- jährlich geltend machen. Dabei werden aber die Arbeitnehmerinnenbeiträge zur Sozialversicherung und zum Teil auch die Arbeitgeberinnenanteile angerechnet, so daß Angestellte in der Regel keine privaten Aufwendungen mehr geltend machen können. Lassen Sie im Zweifelsfall eine Steuerberaterin prüfen, ob Sie noch die Möglichkeit haben, mit zusätzlichen Vorsorgeaufwendungen Steuern zu sparen.

Nicht absetzbar sind Beiträge zur Hausrat-, Rechtsschutz-, Reisegepäck- und Kaskoversicherung. Ich habe im Kapitel »Kapitallebensversicherung« schon darauf hingewiesen, daß viele Vermittlerinnen versprechen, Sie könnten die Versicherung, die Sie gerade abschließen wollen oder sollen, steuerlich geltend machen. Noch einmal: Prüfen Sie, ob Sie überhaupt noch zusätzliche Beiträge absetzen können. Vielleicht haben Sie die Höchstgrenze schon erreicht?

Für den 1.1.1993 ist eine Anhebung der Vorsorgesätze auf DM 10.950,- (Ledige) bzw. DM 21.900,- (Verheiratete) vorgesehen.

5.4 Direktversicherungen

Für Arbeitnehmerinnen besteht die Möglichkeit, mit einer Kapitallebensversicherung oder einer privaten Rentenversicherung die monatliche steuerliche Belastung zu senken, wenn sie sich den Beitrag zur Versicherung vom Gehalt abziehen und direkt von der Arbeitgeberin in die Versicherung einzahlen lassen. In diesem Fall nämlich wird auf den Teil des Gehalts (maximal DM 3.000,- jährlich), der in die Versicherung fließt, nur die pauschale Lohnsteuer von derzeit 15 Prozent erhoben. Versicherungsnehmerin ist in diesem Fall die Arbeitgeberin; das »Bezugsrecht« haben aber unwiderruflich Sie! Für den Fall, daß Sie aus der Firma ausscheiden, können Sie den Vertrag eigenständig fortführen oder von der neuen Arbeitgeberin weiterführen lassen.

Je höher der persönliche Steuersatz, desto größer ist der Gewinn, der mit dieser Vertragsgestaltung zu erzielen ist. Ein Beispiel:

Wenn Sie – bei einem Steuersatz von 45 Prozent – DM 3.000,- in eine Direktversicherung bezahlen, sparen Sie Steuern in Höhe von DM 1.102,50.

6. Änderungen der Lebenssituation

6.1 Schwangerschaft

Die glücklichste Schwangerschaft — versicherungstechnisch betrachtet — ist die langfristig geplante Schwangerschaft! Wenn Sie in der gesetzlichen Krankenversicherung sind und der Gedanke an eine Klinikentbindung mit Aufenthalt im Mehrbettzimmer keine rechte Freude aufkommen lassen will, empfiehlt sich der Abschluß einer privaten stationären Zusatzversicherung.

Sind Sie aber erst einmal (aktenkundig) schwanger, dann übernimmt keine **private Zusatzversicherung** mehr die Kosten, die im Zusammenhang mit dieser Entbindung stehen! Das gilt auch für den Abschluß einer privaten Krankentagegeldversicherung (auch) für den Fall der schwangerschaftsbedingten Erkrankungen — wie z.B. vorzeitige Wehentätigkeit. Der Vertrag muß unbedingt vor Beginn der Schwangerschaft zustande gekommen sein. Im Zweifelsfall muß Ihnen die Versicherungsgesellschaft aber nachweisen, daß Sie von Ihrer Schwangerschaft Kenntnis hatten.

Anders sieht die Regelung für Schwangere aus, die eine **private Vollversicherung** beantragen. Nach einer Empfehlung des Bundesaufsichtsamtes für das Versicherungswesen sollen Privatversicherungen (PKV) einer Schwangeren keine schwangerschaftsbedingten Leistungen gewähren, wenn sie bei Antragsstellung bereits schwanger war. An diese Empfehlung halten sich nicht alle Unternehmen; sie schränken die Leistungen lediglich auf die sogenannten **Regelleistungen** ein, bezahlen also alles das, was auch die gesetzliche Versicherung bezahlt hätte.

Bedingung allerdings ist ein nahtloser Übergang aus der GKV. Einige Versicherer gewähren uneingeschränkten Versicherungsschutz, solange die Schwangerschaft bei Antragsstellung nicht länger als fünf Monate besteht und bisher komplikationslos verlaufen ist.

Große Unterschiede hinsichtlich der Leistungen privater Kassen gibt es in bezug auf Schwangerschaft und Geburt. So zahlen keineswegs alle PKV bei schwangerschaftsbedingter Krankheit ein vereinbartes **Krankentagegeld**! Die wenigsten während der Schutzfristen. Die Übernahme der Kosten für eine Haushaltshilfe bzw. die Bezahlung einer Pauschale für Frauen, die ambulant oder zu Hause entbinden, ist auch nur für wenige Gesellschaften selbstverständlich.

Auch die Hebammenleistungen werden mal mehr und mal weniger großzügig erstattet. Daß eine Milchpumpe kein »Hilfsmittel« im Sinne der tariflich garantierten Leistungen ist, auch dann nicht, wenn sie für das Leben des Neugeborenen unabdingbar ist, mußte ich auch erst selbst erfahren.

Eine privatversicherte Schwangere kann beitragsfrei in die GKV ihres Mannes wechseln, wenn sie:

1. die Möglichkeit hat, die PKV fristgerecht zu kündigen, entweder weil das Versicherungsjahr gerade ausläuft, oder weil die Gesellschaft den Beitrag erhöht hat und
2. selbst nicht mehr als DM 500,- monatlich verdient.

Seit Anfang 1992 gilt ein neues **Erziehungsgeldgesetz**. Seitdem haben Eltern, deren Kind nach dem 31.12.91 geboren wurde, Anspruch auf 3 Jahre Erziehungsurlaub (bisher nur 18 Monate). In dieser Zeit darf die Arbeitgeberin nicht kündigen. Voraussetzung für den Anspruch auf Erziehungsurlaub ist, daß das Kind bei Ihnen wohnt und von Ihnen betreut wird. Neuerdings dürfen Sie auch bei einer neuen Arbeitgeberin bis zu 19 Stunden wöchentlich arbeiten, ohne Ihren Anspruch auf Eziehungsgeld zu verlieren. Die »alte« Arbeitgeberin muß aber zustimmen.

Das Erziehungsgeld wird seit 1992 für maximal 24 Monate gezahlt. Nach wie vor gilt: In den ersten 6 Monaten bekommen

Sie das Geld unabhängig vom Einkommen. Danach nur noch dann in voller Höhe von DM 600,-, wenn Sie bestimmte Einkommensgrenzen nicht überschreiten. Zur Zeit gelten folgende Grenzen:

— für Verheiratete DM 29.400,- Nettojahreseinkommen, wobei jedes weitere Kind diese Grenze um DM 4.200,- erhöht;
— für alleinerziehende Betreuungspersonen werden DM 23.700,- angesetzt.

Von dem Einkommen, das diese Grenzen übersteigt, werden 40 Prozent vom jährlichen Erziehungsgeld (also von DM 7.200,-) abgezogen. Je nach Kinderzahl erlischt der Anspruch ab einem Einkommen zwischen DM 46.200,- und DM 58.800,-.

Als Berechnungsbasis gilt hier grundsätzlich das vorletzte Jahr. Wenn der Steuerbescheid vom vorletzten Jahr ein Einkommen ausweist, das unter der Höchstgrenze liegt, wird das Erziehungsgeld auch dann nicht zurückgefordert, wenn Sie im aktuellen Jahr mit Ihrem (gemeinsamen) Verdienst deutlich über den Grenzen liegen.

Auch unverheiratete Väter können — mit Zustimmung der sorgeberechtigten Mutter — Erziehungsgeld und -urlaub beantragen, wenn sie mit dem Kind in einem Haushalt leben. Neu ist auch, daß Eltern sich jetzt mit dreimaligem Wechsel im Erziehungsurlaub ablösen können.

Erziehungsgeld wird nicht auf Unterhaltsansprüche oder Sozialhilfe angerechnet. Das Erziehungsgeld darf grundsätzlich nicht bei einkommensabhängigen Sozialleistungen angerechnet werden. Das sind insbesondere Wohngeld, Arbeitslosenhilfe, Bafög, Kindergeld und Härtefallregelungen in der GKV, wenn es z.B. um Eigenbeteiligung für Zahnersatz geht. Der Bezug von Erziehungsgeld verkürzt auch nicht den Anspruch gegenüber der Arbeitslosenversicherung.

Während der **Mutterschutzfristen** (6 Wochen vor und 8 Wochen nach der Geburt) besteht Anspruch auf Mutterschaftsgeld in Höhe von maximal DM 750,- monatlich für pflichtversicherte Frauen. Privat Versicherte erhalten lediglich einen einmaligen Zuschuß vom Bundesversicherungsamt in Höhe von DM 400,-. Darüber hinaus übernimmt die Arbeitgeberin sowohl für die GKV- als auch für die PKV-Versicherte die Differenz zwischen DM 750,- und dem Nettogehalt. Das Erziehungsgeld wird allerdings auf das Mutterschaftsgeld angerechnet. Das heißt konkret: Wenn Ihr Nettoeinkommen höher als DM 600,- ist, dann wird Ihnen während der Schutzfristen nur der Differenzbetrag zum Erziehungsgeld ausbezahlt.

Für selbständige Frauen, die **freiwillig in der GKV** versichert sind, gilt folgende Regelung: Das Mutterschaftsgeld richtet sich nach der versicherten Höhe des Krankengeldes. Beträgt das Krankentagegeld kalendertäglich z.B. DM 130,-, dann macht das monatlich DM 3.900,- aus, wovon wieder DM 600,- Erziehungsgeld abgezogen werden.

Wie lange sind gesetzlich Versicherte beitragsfrei gestellt?

In den letzten 6 Wochen der Schwangerschaft und während des dreijährigen Erziehungsurlaubes ist die Mutter beitragsfrei krankenversichert. Sie darf in dieser Zeit maximal 19 Stunden wöchentlich arbeiten. Dem Verdienst sind aber Grenzen gesetzt. Verdient sie mehr als DM 500,- monatlich, wird sie wieder beitragspflichtig. Das Erziehungsgeld wird bei der Beitragsberechnung nicht berücksichtigt. Wenn eine Mutter nur deshalb kein Erziehungsgeld bekommt, weil ihr Ehemann mit seinem Verdienst über der Einkommensgrenze liegt, hat sie trotzdem Anspruch auf beitragsfreie Weiterversicherung in ihrer Kasse. Ob auch das Kind beitragsfrei mitversichert werden kann, hängt davon ab, ob der (eheliche) Vater möglicherweise privat versichert ist und gleichzeitig so viel verdient, daß er oberhalb der Beitragsbemessungsgrenze liegt. Sollte das der Fall sein, dann muß für das Kind ein eigener Beitrag in der GKV oder PKV bezahlt werden. In allen anderen Fällen genießt das Kind die kostenlose Familienversicherung. Nichteheliche Väter können verdienen, soviel sie wollen und versichert sein, wie sie wollen — das Kind darf über die Mutter beitragsfrei versichert sein.

Versicherungspflichtige **Studentinnen** sind laut Gesetzestext während des Erziehungsurlaubs nicht von der Beitragspflicht befreit. Die Anweisung aus Bonn, diese Ungerechtigkeit zu beseitigen, liegt der AOK aber bereits vor. In der Praxis folgt daraus also, daß Studentinnen doch beitragsfrei sind. Mit der grundsätzlichen Einschränkung bezüglich des Einkommens!

Beamtinnen behalten während des gesamten Erziehungsurlaubs ihren Anspruch auf Beihilfe. Sie dürfen bis zur Hälfte ihrer regelmäßigen (ursprünglichen) Arbeitszeit beschäftigt sein. Ihren Eigenanteil zur Krankenversicherung müssen sie weiterzahlen. Maximal DM 60,- können sie als Zuschuß bekommen, wenn ihre Bezüge vor Beginn des Erziehungsurlaubes die Krankenversicherungspflichtgrenze der GKV nicht überschritten haben.

Privat Versicherte müssen sowohl während der Schutzfristen als auch während des Erziehungsurlaubes ihren Krankenkassenbeitrag weiterbezahlen. Und dies sogar ohne den Zuschuß der Arbeitgeberin. Von vereinzelten Glücklichen abgesehen, die eine Gesellschaft gefunden haben, die immerhin schon für 6 Monate auf Beiträge verzichtet. Manche PKV zahlt der Wöchnerin einmalig das Zehnfache des versicherten Krankentagegeldes.

Hieraus aber den Schluß zu ziehen, daß Frauen, die noch Kinder bekommen wollen, generell besser in der GKV aufgehoben sind, wäre falsch. Denn langfristig betrachtet, können die Ersparnisse, die ein günstigerer PKV-Beitrag ausmacht, die finanzielle Mehrbelastung während der Schwangerschaft allemal wieder ausgleichen. Von den besseren Leistungen hinsichtlich der Behandlungsmethoden und des Krankenhauskomforts einmal abgesehen.

Jede sollte für sich sehr sorgfältig prüfen, auf welcher Seite sie eher Pluspunkte verbuchen kann; falls sie überhaupt die Entscheidungsfreiheit hat.

Wenn eine Frau nach der Geburt ihres Kindes die Arbeitszeit reduziert, verdient sie unweigerlich weniger Geld. Meist rutscht sie dadurch deutlich unter die Beitragsbemessungsgrenze. Sie ist dann, vorausgesetzt es handelt sich um ein Angestelltenverhältnis, versicherungspflichtig. Eine bestehende Privatversicherung ist damit beendet. Diese Frau könnte nach einem Monat wieder ganz aufhören zu arbeiten und in der gesetzlichen Krankenkasse bis zum Ende des Erziehungsurlaubes beitragsfrei versichert bleiben. Ein Anspruch auf freiwillige Mitgliedschaft wird dadurch allerdings nicht begründet.

6.2 Nichteheliche Gemeinschaften

Die »nichteheliche Gemeinschaft« hat sich inzwischen weitgehend auch im Versicherungswesen durchgesetzt. In der privaten Haftpflicht-, Hausrats-, Rechtsschutz-, Lebens- und Unfallversicherung werden unverheiratete Paare mittlerweile problemlos in einem Vertrag versichert.

Etwas schwieriger gestaltet sich da schon der Versuch, gleichgeschlechtliche Paare »unter einen Hut« zu bekommen. Abgesehen von den Rechtsschutzversicherern, die sich konsequent stur stellen, gibt es für die anderen Sparten zumindest einige Gesellschaften, die dazu bereit sind. So können **Lesben** bei wenigen Gesellschaften in der Privathaftpflicht über einen Vertrag und einen Beitrag versichert werden. In der Unfallversicherung kommen sie in den Genuß des »Familienrabattes«. Verlassen Sie sich aber bitte nicht auf mündliche Zusagen!

Wenn auch die Privatversicherer die nichteheliche Gemeinschaft weitestgehend akzeptiert haben, wird sie in der gesetzlichen Rentenversicherung immer noch ignoriert. Selbst wenn Sie über Jahrzehnte mit einem Mann zusammengelebt haben, der immer brav seine Beiträge zur Rentenversicherung bezahlt hat, bekommen Sie keinen Pfennig Witwenrente — auch dann nicht, wenn Sie jahrelang für seine Kinder zu Hause geblieben sind!

Nichteheliche Paare können sich für diesen Fall nur über eine Lebensversicherung absichern. Das kann sowohl eine Risiko- wie auch eine Kapitallebensversicherung sein.

Als **nichtverheiratete Frau** haben Sie auch keinen Anspruch, beitragsfrei in der gesetzlichen Krankenversicherung Ihres Partners aufgenommen zu werden, wenn Sie kein eigenes Einkommen haben. Sie müßten sich dann an das Sozialamt wenden. Mit größter Selbstverständlichkeit holt dieses sich das Geld von Ihrem »nichtehelichen« Partner wieder.

Nichteheliche Kinder haben dagegen Anspruch auf Familienversicherung.

Kindern nichtverheirateter Paare wird auch eine Waisenrente gewährt unter der Voraussetzung, daß sie im Haushalt der Verstorbenen gewohnt haben. Sollte das nicht der Fall sein, die verstorbene Person aber vor ihrem Tod Unterhalt für die Kinder bezahlt hat, besteht zumindest die Chance, daß der Antrag positiv beschieden wird.

Seit Jahresbeginn 1992 wird auch **nichtverheirateten Vätern** das Recht auf Erziehungsgeld eingeräumt. Bedingung dafür ist, daß der Vater mit dem Kind in einem Haushalt lebt, nicht mehr als 19 Stunden wöchentlich arbeitet und die Mutter zustimmt.

6.3 Eheschließung

Wenn jeder Ehepartner eine private Haftpflichtversicherung (PHV), Hausrats- oder Rechtsschutzversicherung hat, so kann nach der Eheschließung der jüngere von beiden Verträgen fristlos gekündigt werden, denn Paare können bei diesen Versicherungen grundsätzlich über einen Vertrag versichert werden. Diese Regelung gilt inzwischen sogar für nichtverheiratete Paare. Oft schließen Ehepaare zur gegenseitigen Absicherung und gemeinsamen zusätzlichen Altersvorsorge eine Kapitallebensversicherung ab. In der Regel tritt in solchen Verträgen der Mann als Versicherungsnehmer und beide als versicherte Personen auf.

Problematisch kann diese Form der Vertragsgestaltung für die Frau werden, wenn sich — z.B. im **Scheidungsverfahren** — herausstellt, daß der Ehemann vor etlichen Jahren diesen Vertrag aufgelöst und »verjubelt« hat. Sie hat dann keine Möglichkeit, ihren Anteil einzuklagen. Auch im Todesfall kann es böse Überraschungen geben, wenn der Mann — hinter ihrem Rücken — das »Bezugsrecht« geändert hat. Das kann die Versicherungsnehmerin nämlich jederzeit, wenn nicht bei Antragstellung ein unwiderrufliches Bezugsrecht vereinbart wurde.

Achten Sie also bei gemeinsam abgeschlossenen Verträgen darauf, daß Sie beide Versicherungsnehmerin sind! Nur so sichern Sie sich alle Rechte aus diesem Vertrag.

Wenn Sie als unbezahlte Kraft in der Firma Ihres Mannes mitarbeiten, weil Sie »ja ohnehin ein gemeinsames Konto« haben, lassen Sie sich eine angemessene **Altersvorsorge** von ihm bezahlen. Denn die geteilten Ansprüche aus seiner Altersvorsorge sind nicht so hoch, wie wenn Sie eine eigenständige Vorsorge getroffen hätten.

6.4. Scheidung

Geschiedene Frauen, die während der Ehe über ihren Mann in der gesetzlichen Krankenversicherung versichert waren, können diesen durch die Trennung eingebüßten Schutz nur dann aufrechterhalten, wenn sie sich bei der Kasse innerhalb von drei Monaten nach der Scheidung weiterversichern. Die Versicherung läuft dann als »freiwillige« weiter, die Beiträge bemessen sich nach der Höhe des Einkommens. Dazu zählen auch Unterhaltsleistungen. Natürlich können Sie sich auch privat krankenversichern. Über Vor- und Nachteile haben wir in Kapitel 2.2 gesprochen. Sobald Sie ein eigenes Einkommen von mehr als DM 500,- monatlich im Angestelltenverhältnis erzielen, sind Sie selbst versicherungspflichtig, wobei bis zu einem Bruttoeinkommen von DM 610,- die Arbeitgeberin die Kosten allein trägt.

Bei der Scheidung müssen Sie sehr genau prüfen, welche Versicherungen Ihnen und welche Ihrem Ex-Mann bleiben. Entscheidend ist immer die Frage: Wer ist »Versicherungsnehmerin«?

Wenn Eheleute den gesetzlichen Güterstand der »Zugewinngemeinschaft« vereinbart hatten, werden bei einer Scheidung alle Versorgungsanwartschaften geteilt. Häufig müssen aber Frauen nicht nur jahrelang hinter den ihnen zustehenden Unterhaltsleistungen ihres geschiedenen Mannes herlaufen. Sie haben, wenn sie nicht einen »wasserdichten« Ehevertrag geschlossen haben, oft zusätzlich die Schwierigkeit, ihren Teil der gemeinsam erarbeiteten Altersvorsorge zu bekommen. Sind Sie sicher, daß Ihr geschiedener Mann Sie über alle Kapitalanlagen informiert hat? Gerade die Frauen von selbständigen Männern können ein Lied davon singen, wie groß die Schlupflöcher sind, durch die sich das »starke Geschlecht« aus der Affäre ziehen kann.

7. Vertragsabschluß und Kündigung

7.1 Anzeigepflicht

Über Vorerkrankungen zu reden ist nicht immer leicht. Insbesondere wenn es um so intime Dinge wie z.B. einen Schwangerschaftsabbruch geht. Besonders schwer fällt so etwas, wenn es im Gespräch mit einem Versicherungsvertreter oder -makler geschehen soll. Ist die Person gegenüber eine Frau, ist die Hemmschwelle meist niedriger. Wie wichtig es aber ist, über solche Dinge zu sprechen, möchte ich im folgenden erläutern.

Wenn eine Frau von der gesetzlichen (GKV) in die private Krankenversicherung (PKV) wechseln möchte, wird sie im Antrag für die PKV nach Erkrankungen der letzten 3 bis 10 Jahre gefragt. Würden Sie auf die Idee kommen, daß hier ebenso nach »harmlosen« Pilzerkrankungen wie nach psychotherapeutischer Behandlung gefragt wird?

Rechtlich sieht die Sache so aus: »Vergessen« Sie bei der Antragstellung, irgendeine Erkrankung oder Behandlung anzugeben, die in den gefragten Zeitraum fiel, dann können Sie unter Umständen ihren Versicherungsschutz verlieren. Mit dem Antrag auf Versicherung entbinden Sie alle Ärztinnen, die Sie angegeben haben, und Ihre »Vorversicherung« von der Schweigepflicht. Reichen Sie z.B. ein Jahr nach Antragstellung Rechnungen für Krankengymnastik und Massagen ein, obwohl Sie von Rückenschmerzen nichts erwähnt hatten, wird jede Gesellschaft mißtrauisch.

Kann die Gesellschaft nachweisen, daß Sie Erkrankungen verschwiegen haben, kann sie die Leistung verweigern und Ihnen fristlos kündigen. An dieser Stelle liegt wieder einmal ein Interessenkonflikt zwischen Kundin und Vermittlerin vor: Je weniger Vorerkrankungen im Antrag stehen, desto größer die Wahrscheinlichkeit, daß der Antrag angenommen wird und somit auch die Provision verdient ist.

Das ist der Grund, warum von Vermittlerinnen so oft versucht wird, Vorerkrankungen zu bagatellisieren und die Kundinnen zu beeinflussen: »Ach, das brauchen wir aber nicht anzugeben.« Achten Sie daher genau darauf, was in Ihrem Antrag an Erkrankungen steht. Sie sind für den Inhalt verantwortlich.

Auch mit dem Antrag auf Lebensversicherung entbinden Sie alle angegebenen Ärztinnen und Ihre Krankenkasse von der Schweigepflicht, sogar über ihren Tod hinaus. Deshalb sollten Sie Erkrankungen, nach denen gefragt wird, wahrheitsgemäß angeben. Sonst kann es passieren, daß nach Ihrem Tod die **Anzeigepflichtverletzung** bekannt wird. Das könnte im ungünstigsten Fall bedeuten, daß die Versicherung nicht zahlen muß.

Die Antragsformulare der einzelnen Krankenversicherer sind sehr verschieden. Die einen fragen z.B. ausdrücklich danach, ob in den letzten 10 Jahren eine Psychotherapie stattgefunden hat. Andere Gesellschaften fragen dagegen lediglich nach Krankheiten und Beschwerden der letzten 3 Jahre. Lag Ihre Krankheit oder Therapie vor diesem Zeitraum, müssen Sie sie nicht mehr erwähnen.

Auch die Gesundheitsfragen in den Anträgen auf Berufsunfähigkeits- und Lebensversicherung fallen bei den einzelnen Gesellschaften unterschiedlich penetrant aus. Wichtig ist, daß Sie die Fragen, die gestellt werden, so genau wie möglich beantworten. Eine Bulimie (»Eß-Brech-Sucht«) z.B. ist eine Krankheit und gehört eindeutig in den Antrag; auch dann, wenn sie im Fragenkatalog der Gesellschaft nicht ausdrücklich als Beispiel auftaucht!

Auch die Fragen der anderen Versicherungssparten wie Hausrat, Haftpflicht und Rechtsschutz müssen Sie korrekt beantworten. Spätestens im Schadensfall überprüfen die Versicherer Ihre Angaben im Antrag — manchmal auch früher.

7.2 Kündigungsfristen

Versicherungsverträge sind in der Regel mit einer Frist von 3 Monaten zum Versicherungsjahresende kündbar. Wurde eine Hausratsversicherung am 13.3.92 abgeschlossen, so ist sie zum 13.4.93 kündbar. Die Kündigung muß bis spätestens am 12.1.93 bei der Gesellschaft eingegangen sein. Sie tun gut daran, die Kündigung — Versicherungs-Nummer nicht vergessen! — per »Einschreiben mit Rückschein« zu schicken.

Wenn Sie versehentlich einen Fünf- oder Zehn-Jahres-Vertrag abgeschlossen haben, können Sie Schwierigkeiten haben, diesen vor der regulären Ablaufzeit zu kündigen. Für die nach dem 31.12.90 abgeschlossenen Verträge gilt folgende Regelung: Wenn Ihnen beim Abschluß der Versicherung nicht die Alternative des Ein-Jahres-Vertrages angeboten wurde (schriftlich!) und Sie nicht mindestens 10 Prozent Rabatt für den Zehn-Jahres-Vertrag bekommen haben, dann können Sie die Versicherung zum Ende des dritten Jahres kündigen.

Bei älteren Verträgen sollten Sie sich die Durchschrift des Antrages genau ansehen. Fehlt im Antrag sogar das Versicherungsende oder war die 10jährige Vertragsdauer schon vorgedruckt, so ist auch dieser Vertrag zum Versicherungsjahresende kündbar. Manchmal ist es allerdings nötig, mit dem Einschalten einer Anwältin oder des Bundesaufsichtsamtes zu drohen.

Nach einem Schadensfall, genauer: nach der Schadensregulierung, haben sowohl die Versicherungsgesellschaft als auch die Versicherungsnehmerin das Recht der fristlosen Kündigung. Für die Kündigung gilt eine Frist von 4 Wochen nach Schadensregulierung. Sie können die Kündigung innerhalb dieser Frist auch zum Versicherungsjahresende aussprechen. Diese Regelung gilt für Haftpflicht-, Hausrats- und KfZ-Versicherungen.

Für die **Rechtsschutzversicherung** gilt dieses Recht nur dann, wenn die Gesellschaft die Leistung von vornherein verweigert, obwohl Ihre Anwältin die Erfolgsaussichten des fraglichen Rechtsstreites positiv beurteilt.

Die **gesetzliche Krankenversicherung** (GKV) endet mit dem Wegfall der versicherungspflichtigen Beschäftigung, wenn nicht direkt im Anschluß die »freiwillige Mitgliedschaft« beantragt wird. Eine freiwillige Mitgliedschaft kann immer zum übernächsten Monatsende gekündigt werden.

In der Praxis heißt das: Wenn Sie überlegen, von der freiwilligen Mitgliedschaft bei der GKV in die private Krankenversicherung (PKV) zu wechseln, dann kann der Neubeginn erst etwa drei Monate später sein.

Beispiel: Sie stellen den Antrag bei der PKV am 17. Mai. Dann können sie — vorausgesetzt der Antrag wurde bis spätestens 31. Mai von der Gesellschaft angenommen — die GKV zum 31.7. kündigen. Die PKV lassen Sie zum 1.8. beginnen. Die Kündigung muß am Monatsletzten eingegangen sein, nicht der Poststempel entscheidet! Wenn die PKV bis zum Monatsende keine verbindliche Annahme des Antrages ausgesprochen hat, dann sollten Sie den geplanten Wechsel um einen Monat hinausschieben.

Kündigen Sie also nie Ihre Krankenversicherung, bevor eine andere Gesellschaft die Annahme erklärt und eine Deckungszusage erteilt hat. Eine zu frühe Kündigung ist sträflich, zumindest für die Frauen, die nicht kerngesund sind. Sie können in eine Situation geraten, in der die ehemalige Kasse Sie nicht wieder aufnimmt, und keine weitere Versicherung bereit ist, Sie zu versichern.

Bei den **PKV** gilt die dreimonatige Kündigungsfrist entweder zum Kalenderjahresende oder zum Versicherungsjahresende. Das ist je nach Gesellschaft unterschiedlich geregelt. Ganz unabsichtlich?

Darüber hinaus gelten bei den meisten PKV sogenannte »Mindestvertragsdauern« von 2 bis 3 Jahren. Wenn eine PKV die Beiträge erhöht, kann der Vertrag innerhalb von 4 Wochen nach Zugang der Ankündigung gekündigt werden (zum Erhöhungszeitpunkt).

Kfz-Versicherungen können Sie meist zum Kalenderjahresende kündigen. Sie können auch dann gekündigt werden, wenn der Beitrag um mehr als 5 Prozent im Jahr steigt.

Berufsunfähigkeitsversicherungen, Risiko- und Kapitallebensversicherungen sind praktisch jederzeit kündbar. Letztere natürlich mit Verlust! Wenn Sie monatlich den Beitrag zahlen, können Sie auch monatlich kündigen. In jedem Fall steht dem Versicherer jedoch rechtlich der erste Jahresbeitrag zu.

Investmentfonds kennen keine Kündigungsfrist.

7.3 Rücktrittsrecht

Von Lebens-, Berufsunfähigkeits- und Krankenversicherungsanträgen können Sie binnen 10 Tagen nach Antragstellung zurücktreten. Die »Stornierung« muß spätestens am 10. Tag schriftlich der Versicherungsgesellschaft vorliegen. Begründen müssen Sie diesen Schritt nicht. Sie tun gut daran, dieses Schreiben per »Einschreiben mit Rückschein« zu verschicken. Nur so sind Sie ganz sicher, daß ihre Absicht auch Gehör findet!

Die Formulierung: »An diesen Antrag halte ich mich 6 Wochen lang gebunden«, bezieht sich auf die Zeit, in der die Gesellschaft Ihren Antrag annehmen muß. Sie können also auch dann von einem gestellten Antrag zurücktreten, wenn der Versicherer sich länger als 6 Wochen Zeit läßt, Ihren Antrag positiv zu bescheiden.

Von anderen Versicherungen können Sie nur dann zurücktreten, wenn die Gesellschaft länger als einen Monat benötigt, um Ihnen Deckungszusage zu erteilen.

Grundsätzlich gilt für alle Versicherungssparten: Wenn der Versicherer Ihren Antrag nicht exakt so annimmt, wie er gestellt ist, können Sie zurücktreten!

Auch wenn Sie einen Antrag unterschrieben haben, der eine Laufzeit von mehr als einem Jahr vorsieht, dürfen Sie binnen 10 Tagen zurücktreten. Dieses Widerrufsrecht gilt nicht, wenn Sie auf eigenen Wunsch sofortigen Versicherungsschutz erhalten.

Für Männer besteht dieses Recht auch dann nicht, wenn sie »Vollkaufmann« sind. Wie gut, daß wir nicht gemeint sind (oder habe ich da etwas falsch verstanden?).

8. Adressen

Susanne Kazemieh
Frauen Finanz Gruppe
Kaiser-Friedrich-Ufer 8
2000 Hamburg 20
Tel.: 040/4205161

Müttercourage — Verein für feministische Mütterpolitik e.V.
Am Dorfteich 12 f
2000 Hamburg 61

Leitstelle für die Gleichstellung der Frau
Alter Steinweg 4
2000 Hamburg 11
Tel.: 040/35043330

Verband Alleinerziehender Mütter und Väter e.V.
Flotowstr. 23
2000 Hamburg 76

Bundesversicherungsamt (Mutterschaftsgeld!)
Reichpietschufer 72-76
1000 Berlin 30

Bundesaufsichtsamt für das Versicherungswesen
Ludwigkirchplatz 3-4
1000 Berlin 15

Bundesversicherungsanstalt für Angestellte (BfA)
Postfach
1000 Berlin 88

Verein der Versicherungsgeschädigten
Interessengemeinschaft gegen Versicherungswillkür
bei Gesundheitsschäden
Burbankstr. 32
5300 Bonn 3

Bundesverband deutscher Investmentgesellschaften e.V.
Eschenheimer Anlage 28
6000 Frankfurt 1

Bund der Versicherten e.V.
Postfach 760204
2000 Hamburg 76
Tel.: 040/2298422

Vom Bund der Versicherten können Sie sich eine Liste für »Verbraucher« schicken lassen, in der »empfehlenswerte Versicherungsvermittler« aufgeführt sind. Sie sollten jedoch wissen, daß Sie die Formulierung in diesem Fall wörtlich nehmen müssen: Unter den 54 Adressen ist *nicht eine* Vermittlerin!

